首都圏版㉚ 最新入試に対応！ 家庭学習に最適の問題集‼

お茶の水女子大学附属小学校

2025年度版 過去問題集

2019～2024年度 実施試験 計6年分収録

問題集の効果的な使い方

①学習を始める前に、まずは保護者の方が「入試問題」の傾向や、どの程度難しいか把握をします。すべての「アドバイス」にも目を通してください。
②各分野の学習を先に行い、基礎学力を養いましょう！
③力が付いてきたと思ったら「過去問題」にチャレンジ！
④お子さまの得意・苦手がわかったら、その分野の学習を進め、全体的なレベルアップを図りましょう！

厳選！ 合格必携 問題集セット

口頭試問	新 口頭試問・個別テスト問題集
数量	Jr. ウォッチャー ⑭「数える」
言語	Jr. ウォッチャー ⑰「言葉の音遊び」
観察	Jr. ウォッチャー ㉙「行動観察」
巧緻性	実践 ゆびさきトレーニング①・②・③

日本学習図書 ニチガク

家庭学習ガイド
お茶の水女子大学附属小学校

口頭試問 個別テスト 制 作 行動観察 保護者面接

入試情報

応募者数：男子 1,143 名／女子 1,634 名
出題形態：ノンペーパー
面　　接：保護者
出題領域：口頭試問（個別）、制作、行動観察

入試対策

当校は、附属幼稚園からの内部進学があるため、募集人員が男女各 25 名程度と、外部から受験をする方にとりましては、かなり狭き門となります。入学試験は、まず第１次検定の抽選によって、志願者は男女各 210 名程度に絞られます。その後、２次検定（Ａグループ１日目、Ｂグループ２日目、Ｃグループ３日目）が行われ、２次検定合格者発表後、同日に３次検定（抽選）を行った後、最終入学候補者が決定されます。例年は１次抽選の当日に２次検定の手続きが行われていましたが、昨年に続き本年度も抽選日が約半月前倒しになりました。しかし、前倒しをしたとはいえ、検定は全体的に短い日程で実施されるため、「１次抽選に合格してから試験対策を考える」というのは難しいでしょう。早めの対策をおすすめします。

●当校の入試は、例年、口頭試問、制作、行動観察という内容で実施されています。行動観察は実施人数を減らして行われています。試験全体を通じて「お子さまのふだんの姿をうかがおう」という姿勢は変わりません。学力を高めることだけでは乗り切れない試験です。

●保護者面接では、近年、突っ込んだ質問も多く、保護者の考え方を問う傾向が主になっています。型通りの準備だけでなく、その場に応じた答えができるようにしておきましょう。

●複合的な出題の多い当校の入試は、「この分野を勉強しておけば大丈夫」ということはありません。「口頭試問」対策を中心に、幅広い分野からの出題を意識した学習を行いましょう。

「お茶の水女子大学附属小学校」について

〈合格のためのアドバイス〉

本校は、入学試験が首都圏でも遅い時期に行われます。通学可能エリアが東京23区全域と広いこともあり、例年、多くの志願者が集まります。倍率は男女ともに高く、50～70倍となっています。検定は月齢別の3グループに分けて実施されます。

出題内容はグループによって若干異なりますが、観点は共通しています。口頭試問では、具体物を使用した推理（比較）の問題や数の分割・比較の問題、またお子さまの嗜好から常識まで幅広く問われました。総合的に、お子さまの自主性・判断力を観察する傾向がある入試と考えてください。また、イメージよりは試験時間が長いので、子どもの緊張感が持続しにくく、周りの受験者に状況を左右されるという事態も生じてきます。年齢なりの体力と集中力の持続、そして精神的自立が必要でしょう。

また、当校の附属幼稚園では「自由保育」を実践しています。ここでは、園児が、何に取り組むのか自分自身で決定することが求められます。そのような教育を受けた園児は、自立心が強く、自分の意見をはっきりと述べることができると考えられます。小学校からの入学者にも、そうした卒園児と交わり、彼らと遜色ない行動をとることを求めているとすれば、入学検定において志願者をどのような観点で選んでいるかは、おのずと見当がつくでしょう。志願者の課題への向き合い方、取り組み方、他者との関わり方などを通じて、自主性や社会性が観られていると考えられます。

こうした試験への対策は、一朝一夕に身に付けることは困難です。日常生活そのものが評価の対象になると考え、早めの改善を心がけてください。まずは、保護者が規範意識を持ち、お子さまに対してよいお手本を示すことが非常に重要です。

また、第2次検定中の保護者面接では、主に教育方針や、子どもがトラブルに関わった際の子どもへの対応について質問されています。当校を志願する際、保護者の方は、必ず学校説明会に参加し、当校の教育方針、研究実践について理解を深めてください。

本年度の入試の第1次検定抽選後に実施される保護者アンケートでは、「あなたは『幸せ』についてどのように考えますか（300字）」という質問への記述が求められました。

〈2024年度選考〉

- ●口頭試問（個別）
- ●制作
- ●行動観察
- ●面接（保護者／5分程度）

◇過去の応募状況

2024年度	男1,143名	女1,634名
2023年度	男1,393名	女1,953名
2022年度	男1,400名	女1,900名

お茶の水女子大学附属小学校

過去問題集

〈はじめに〉

　現在、少子化が叫ばれているにもかかわらず、私立・国立小学校の入学試験には一定の応募者があります。入試は、ただやみくもに学習するだけでは成果を得ることはできません。志望校の過去における出題傾向を研究・把握した上で、学習を進めていくこと、試験までに志願者の不得意分野を克服することが求められます。そこで、本問題集は小学校を受験される方々に、志望校の出題された問題をより分かりやすく理解して頂くために、アドバイスを記載してあります。最新のデータを含む精選された過去問題集で実力をお付けください。

　また、志望校の選択には弊社発行の**「2025年度版　首都圏・東日本　国立・私立小学校　進学のてびき」**をぜひ参考になさってください。

〈本書ご使用方法〉

◆出題者は出題前に一度問題を通読し、出題内容などを把握した上で、**〈準　備〉**の欄に表記してあるものを用意してから始めてください。

◆お子さまに絵の頁を渡し、出題者が問題文を読む形式で出題してください。問題を読んだ後で、絵の頁を渡す問題もありますのでご注意ください。

◆**「分野」**は、問題の分野を表しています。弊社の問題集の分野に対応していますので、復習の際の目安にお役立てください。

◆一部の描画や工作、常識等の問題については、解答が省略されているものがあります。お子さまの答えが成り立つか、出題者が各自でご判断ください。

◆**〈時　間〉**につきましては、目安とお考えください。

◆本文右端の［〇年度］は、問題の出題年度です。［2024年度］は、「2023年の秋に行われた2024年度入学志望者向けの考査で出題された問題」という意味です。

◆**学習のポイント**は、指導の際にご参考にしてください。

◆**【おすすめ問題集】**は各問題の基礎力養成や実力アップにご使用ください。

〈本書ご使用にあたっての注意点〉

◆文中に**この問題の絵は縦に使用してください。**と記載してある問題の絵は縦にしてお使いください。

◆**〈準　備〉**の欄で、クレヨン・クーピーペンと表記してある場合は12色程度のものを、画用紙と表記してある場合は白い画用紙をご用意ください。

◆文中に**この問題の絵はありません。**と記載してある問題には絵の頁がありませんので、ご注意ください。なお、問題の絵の右上にある番号が連番でなくても、中央下の頁番号が連番の場合は落丁ではありません。

　下記一覧表の●が付いている問題は絵がありません。

問題1	問題2	問題3	問題4	問題5	問題6	問題7	問題8	問題9	問題10
	●	●		●			●		
問題11	問題12	問題13	問題14	問題15	問題16	問題17	問題18	問題19	問題20
		●	●	●		●		●	
問題21	問題22	問題23	問題24	問題25	問題26	問題27	問題28	問題29	問題30
						●	●	●	
問題31	問題32	問題33	問題34	問題35	問題36	問題37	問題38	問題39	問題40
						●	●		
問題41	問題42	問題43	問題44	問題45	問題46	問題47	問題48	問題49	問題50
●	●		●				●	●	●
問題51									

㊢ 先輩ママたちの声！

◆実際に受験をされた方からのアドバイスです。
ぜひ参考にしてください。

お茶の水女子大学附属小学校

・保護者面接ではうまく答えられず、不合格を覚悟しましたが、２次試験は何とか合格することができました。保護者面接は内容だけではなく、保護者の姿勢なども観るものではないかと思います。

・入試の前に学校の方針や教育内容を充分に理解し、納得した上で受験された方がよいと思います。

・考査時間が思ったより長いので、待っている間、ひざ掛けや本などを持っていくとよいと思います。移動には大きな袋があると便利です。紺色の無地のものなどを準備しておくとよいと思います。

・入試は、日々の躾が大切だと感じました。学校案内を購入しておくと、参考になってよいと思います。

・保護者面接ではアンケートをもとに質問されました。かなり突っ込んだ質問をされるので、アンケートの内容については注意が必要です。

・１次抽選から２次考査まで時間がないので、１次抽選に合格してから準備するのではなく、あらかじめ準備をしておいた方がよいと思います。

・１次検定の抽選後、２次の手続きを行う際に45分程度でアンケート記入がありました。考え込んでしまうと時間オーバーするので、ある程度は準備が必要かもしれません。

・第１次検定の抽選後のアンケートでは、通っている保育園または幼稚園の住所を記入します。転居等で複数の園に在籍した場合は、両方の住所と在園期間を明記する必要があります。

・２次検定の説明会の際に、保護者へ作文の課題が出されました。作文はボールペンで記載するため、下書き用のメモ用紙を持参するといいと思います。

◎学習効果を上げるため、前掲の「家庭学習ガイド」及び「合格のためのアドバイス」をお読みになり、各校が実施する入試の出題傾向を、よく把握した上で問題に取り組んでください。
※冒頭の「本書のご使用方法」「ご使用にあたっての注意点」も併せてご覧ください。

2024年度の最新問題

問題１　分野：口頭試問

〈準 備〉　Ａ４用紙（２枚）、クーピーペン（黒）

〈問 題〉　（お手本：Ａ４用紙１枚を四つ折りにし、１マスを黒のクーピーペンで囲む）
紙が６つに分かれるように折り、そのうち１マスを線で囲んでください。

〈時 間〉　１分

〈解 答〉　省略

アドバイス

Ａグループで出題された問題です。本問は作業自体は難しいものではありません。ただ、６つに分けるという点で、紙をどのように折ればいいのか考える必要があります。普段から、紙を使った遊びに慣れておくことが大切です。経験として、紙を折った時、どのような折り目がつくのか分かっていれば、あまり悩むことなく解答できます。また、この問題では最初に示されたお手本とは異なる作業を行うため、話を最後まで聞く力も重要になります。話を聞く態度は、日常の行いに表れます。お子さまが普段、話を最後まで聞いているか、振り返ってみてください。話を聞く時の目線や姿勢も正しいものになっているでしょうか。相手の人の目を見て、体の向きも話している人に向けて聞けるようにしましょう。

【おすすめ問題集】
新口頭試問・個別テスト問題集、実践 ゆびさきトレーニング①②③

問題2　分野：口頭試問

〈準 備〉　キュウリ１本、キュウリの模造品（にせもの）２本、
長さの違う赤と黒のひも、舌圧子（アイスの棒のようなもの）

〈問 題〉　**この問題の絵はありません。**
どのキュウリが１番長いですか、道具を使って調べてみてもかまいませんが、キュウリに触ってはいけません。
（答えた後）本物とにせもののキュウリは、どこが、どのように違うか教えてください。

〈時 間〉　１分

〈解 答〉　省略

アドバイス

Ｂグループで出題された問題です。前半の問題の解答の一例としては次のようなものがあります。まず、１番長そうなキュウリに注目し、用意された道具を使ってそれと同じ長さをつくります。その長さと他のものを比べ、それより長いものと短いものがあれば、長さの順番が確定します。２つとも短ければ、どちらかと同じ長さを道具からつくり、比べてみると順番は決まります。２つとも長い場合も同じようにすれば長さが、決まります。このように、お子さまが用意された道具を組み合わせて使用できるかが重要です。また、後半の問題も自分で考え、それを言葉で説明できなければいけません。その際、問題のように「どこが」「どのように」を説明できることが重要です。例えば、この問題の場合では「色が本物の方が濃いです」のような説明です。普段の会話から、そのような文章で話せるように練習しておきましょう。できていないときには、「どう違っているかな」といった質問をして、違いを説明できるように促してみましょう。

【おすすめ問題集】
新口頭試問・個別テスト問題集、Ｊｒ・ウォッチャー15「比較」、58「比較②」

問題3　分野：口頭試問

〈準 備〉　なし

〈問 題〉　**この問題の絵はありません。**
これから、「しりとり」をします。
①３つの音でできていて、最後が「す」で終わる言葉で答えてください。
「めだか」
②３つの音でできていて、最後が「ら」で終わる言葉で答えてください。
「たこ」

〈時 間〉　20秒

〈解 答〉　①カラスなど　②コアラなど

アドバイス

Ｃグループで出題された問題です。どれだけ語彙を知っているかが重要になります。子どもは、どんどん言葉を吸収し、使おうとしますから、保護者の方もお子さまの成長を後押しするように正確な名称を教えていくことが大切です。言葉あそびとして、同頭語や同尾語を集めてみる機会があってもよいかもしれません。この問題では、解答の条件が決まっています。試験の緊張状態ということも考えると、使い慣れている言葉しか思い浮かばないことが予想されます。普段から、使う語彙を増やしていくことが重要です。

【おすすめ問題集】
新口頭試問・個別テスト問題集、
Ｊｒ・ウォッチャー49「しりとり」、60「言葉の音」

問題4　分野：口頭試問

〈準 備〉　問題４の絵を線に沿って切り取っておく。

〈問 題〉　（切り取った絵を裏返しにして、ランダムに１枚渡す）
何の動物のカードを持っているか、先生が当てられるようにクイズをつくってください。
（出題された問題は試験監督者が解答する）

〈時 間〉　１分

〈解 答〉　鼻を使ってご飯を食べる、耳の大きな動物は何でしょう？（答え：ゾウ）

アドバイス

Ａグループで出題された問題です。動物に関するクイズを出すためには、見た目と名前に加えて動物の特徴を知っていることも重要です。例えば、「ウサギは耳が良い」「ゾウは鼻を使って食事をする」などです。入試のためだけに学習をしていると、見た目と名前を一致させるということに留まってしまいがちですが、一歩踏み込んで、図鑑などでも確認してみるとよいかもしてません。もちろん、手間は増えますが、図鑑には動物の面白い特徴やどんな生活をしているのかも書いてあります。そうしたことを、同時に学べば、お子さまの好奇心を刺激することになりますし、面白いと感じたことは記憶にも残りやすくなりますので、お試しください。

【おすすめ問題集】
新口頭試問・個別テスト問題集、Ｊｒ・ウォッチャー27「理科」、31「推理思考」

問題5　分野：口頭試問

〈準 備〉　お盆、野菜のおもちゃ

〈問 題〉　この問題の絵はありません。
①お盆にできるだけ、たくさんの野菜を乗せてください。
②（乗せた後で）この中でカレーに入れる野菜はどれですか。
③「たまねぎ」と同じ４つの音の名前の果物や野菜を挙げてください。

〈時 間〉　各１分

〈解 答〉　①適宜
②じゃがいも、にんじん、など
③じゃがいも、にんじん、えだまめ、オレンジ、きいちご、など

アドバイス

Ｂグループで出題された問題です。①の課題は全ての野菜が乗り切らないように設定されていたものです。このような無理のある課題と対峙した時に、どのように対処をするかが観られている問題でしょう。最後まで考え続けるのか、それとも、途中でやめてしまうのか、もちろん試験では粘り強く考える方が良い印象を与えます。学習をする際に、できるだけお子さまが考える力を伸ばしていけるよう、できないものにすぐ答えを教えるのではなく、ヒントを与えて自分で考えてみるということを優先させることをおすすめします。②③の問題はどちらも、ご家庭での生活に即したものがモチーフになっています。カレーは身近な料理ですし、③も果物や野菜という身近なものの名前です。入試のための学習と日常生活を分けて考えるのではなく、身近なものに学習の機会を見つけていくことが肝要になります。

【おすすめ問題集】
新口頭試問・個別テスト問題集、分野別 苦手克服問題集 常識編
Ｊｒ・ウォッチャー60「言葉の音」

問題6　分野：口頭試問

〈準 備〉　なし

〈問 題〉　（問題６の絵を渡す）
どんぐり、くり、松ぼっくりが描かれています。じゃんけんで勝った人から、描かれている個数が多いものをもらえます。２番目に勝った時には、何がもらえますか。

〈時 間〉　30秒

〈解 答〉　くり

アドバイス

Ｃグループで出題された問題です。問題の難易度は高くありませんので、しっかりと正答したい問題です。考えられるミスとしては数え間違いでしょう。重複して数えてしまったり、カウントを飛ばしてしまうということです。この問題は口頭試問なので絵に描き込むことができません。そのため、目で見て対象を数える必要があります。こうした能力を伸ばす機会は身近なところにあります。例えば、食事の際に箸の数や食器の数をカウントしたり、お散歩をしている時に、車の数をカウントしたりと、ちょっとしたことで数の感覚は養うことができます。是非、そうした機会を活かしましょう。

【おすすめ問題集】
新口頭試問・個別テスト問題集、分野別 苦手克服問題集 数量編、
Ｊｒ・ウォッチャー14「数える」

問題7　分野：口頭試問

〈準 備〉　なし

〈問 題〉　（問題７の絵を見せて）
お友だち２人と一緒に３人で動物園へ行きました。お昼ご飯の後、絵の中の動物で残り２匹、見に行けることになりました。あなたならどの動物にしますか？
（答えた後）どうしてその動物を選んだのか、教えてください。

〈時 間〉　３分

〈解 答〉　省略

アドバイス

Ａグループで出題された問題です。この問題に明確な答えはありませんが、観点の一つには、状況に応じて他の人と協調できるかというものもあるでしょう。この場合は、たまたま同じ動物を選んだとき以外は、３人全員の意見を反映することはできませんから、自分の行きたい動物を先に見に行くのか、それとも、２人の意見を聞き、お友だちの意見を優先させるのかです。また、どちらの解答にしても、理由を自分の口で説明しなければいけません。このような状況判断の理由を説明することはお子さまにとって難しいことなので、普段から練習しておきたいところです。例えば、なにか理由を説明する時に、お子さまの言葉は文章になっているでしょうか、語尾は「～からです」と言えているでしょうか。日常の中で、できていない場面があったらしっかりと正しい表現の仕方を教えましょう。そして、教えるだけではなく保護者の方もお子さまに説明する時は理由をつけるようにしましょう。お子さまは、保護者の方の影響を強く受けます。ですので、お子さまだけの問題と捉えず実践されてみてください。

【おすすめ問題集】
新口頭試問・個別テスト問題集、
口頭試問最強マニュアル 生活体験編・ペーパーレス編

問題8 分野：口頭試問

〈準 備〉 なし

〈問 題〉 **この問題の絵はありません。**
お母さんに頼まれた野菜を買いに八百屋さんへ行きました。八百屋さんに着くと、店員さんから、頼まれたものとは違う野菜を勧められました。この時、あなたはどうしますか。

〈時 間〉 2分

〈解 答〉 省略

アドバイス

Bグループで出題された問題です。この問題は、お子さまによっては混乱されるかもしれません。八百屋さんの言葉とお母さんの頼みに優先順位をつけなければいけないことに、加え、その理由を説明しなければいけないからです。試験対策の模範解答としては、「頼まれた野菜が買えなくなってしまうことを、店員さんに説明する」が一例として挙げられます。しかし、この場面は実際に起こりうるものですし、進学して1人でコミュニケーションを取る必要がある場面は増えます。そうした時のためにも、この問題を勉強としてのみ捉えるのではなく、お子さまはの成長の機会として捉え、普段からお子さまにやる必要があることを自覚させるようにしてはどうでしょうか。例えば、お子さまがお手伝いをすることになっていたら、「今日は○○をすることになってたよね」と声掛けをしたり、もし、お子さまがお手伝いより遊ぶことを優先してしまった時には、なんでそれはダメだったのかを説明したりなどです。お子さまに任されていることと、なぜそれは大切なのかをセットにして教えることで、自分で判断する力や人に理由を説明できる力につながってきます。

【おすすめ問題集】
新口頭試問・個別テスト問題集、
口頭試問最強マニュアル 生活体験編・ペーパーレス編

家庭学習のコツ① **「先輩ママたちの声」を読みましょう！**

本書冒頭の「先輩ママたちの声」には、実際に試験を経験された方の貴重なお話が掲載されています。対策学習への取り組み方だけでなく、試験場の雰囲気や会場での過ごし方、お子さまの健康管理、家庭学習の方法など、さまざまなことがらについてのアドバイスもあります。先輩ママの体験談、アドバイスに学び、ステップアップを図りましょう！

問題9　分野：口頭試問

〈準 備〉　フラフープ、縄跳び、リバーシ、サッカーボール

〈問 題〉　（問題９の絵を見せる）
このような公園に行った時、どこで遊びたいですか。
（答えた後）どうしてその場所を選んだのか、教えてください。

（目の前の道具を指しながら）どの道具を使ってお友だちと遊びたいですか。
（答えた後）どうしてその場所を選んだのか、教えてください。

〈時 間〉　３分

〈解 答〉　省略

アドバイス

Ｃグループで出題された問題です。本校では、この問題のように日常の場面を切り取ったような題材から出題されることがあります。また、お子さまが状況判断をし、その理由を説明するといった出題のされ方も多く見られます。こうした問題の対策は、普段の生活の中で取り組むことができます。例えば、お子さまがお友だちの遊んだ話をしているときに、どうしてその遊びをしたのか、どんな風に遊んだのかを聞いてみるなどすると物事を説明する練習になります。また、こうした理由を説明する能力は進学してから、学力の土台になることに加えて、人とコミュニケーションをとる際にも、非常に重要になりますので、入試の先を見据えて取り組むことをおすすめします。

【おすすめ問題集】
新口頭試問・個別テスト問題集、
口頭試問最強マニュアル 生活体験編・ペーパーレス編

問題10　分野：制作

〈準 備〉　のり、ハサミ、クーピーペン（12色）、
ツリーの線が描いてある緑の画用紙（４枚）

〈問 題〉　**この問題は絵を参考にして下さい。**
（問題10の絵を渡す）
ここにある材料を使って、クリスマスツリーを作りましょう。
・紙に描いてある線に沿って、ハサミでツリーの形に切ります（４枚）。
・切り終えたら、４枚の片面にそれぞれ好きな絵を描いてください。
・両面に絵がくるように、２枚の紙を貼り付けてください（２セット）。
・１つのツリーは上から半分より少し下まで、もう一方のツリーには下から半分より少し上までハサミで切り込みを入れてください。
・２つのツリーを切れ込みを合わせて、クリスマスツリーの完成です。

〈時 間〉　15分

〈解 答〉　省略

アドバイス

Aグループ出題された課題です。切る、貼るなど小学校受験で問われる基本的なことができる必要があります。のりやハサミの使い方は一朝一夕でできるものではありませんから、工作などを通して慣れておくことが大切です。また、試験では制作物だけではなく、作る過程も観られています。ゴミや使った道具を片付けているか、取り組む姿勢が意欲的かといった態度も重要です。こうしたことは、言われたらできるという状態ではなく、自然にできるように普段の生活から身に付けておくようにしましょう。

【おすすめ問題集】
実践 ゆびさきトレーニング①②③、Jr・ウォッチャー23「切る・貼る・塗る」

問題11 分野：制作

〈準 備〉 ハサミ、セロハンテープ、木工用ボンド、赤い紐
赤の折り紙、透明なプラスチックコップ、黄色のスポンジ、四角い箱

〈問 題〉 **この問題は絵を参考にして下さい。**
（問題11の絵を渡す）
ここにある材料を使って、ケーキを作りましょう。
①箱の周りに赤い紐を回しかけ、チョウチョ結びをしてください。
②ボンドで箱とスポンジを貼り合わせてください。
③紙をスポンジと同じ大きさに切り、ボンドでスポンジと貼り合わせてください。
④赤い紙をくしゃくしゃに丸め、スポンジの上の紙に貼ってください。
プラスチックのコップ1番上に重ね、セロハンテープで留めれば、完成です。

〈時 間〉 15分

〈解 答〉 省略

アドバイス

Bグループで出題された課題です。素材の違うものを貼り合わせたり、箱に紐を結んだりと、作業に慣れていなければ難しいかもしれません。また、今回の制作は「のり」ではなく「ボンド」が使われています。この点、どのくらいで乾くのか、どのくらいの量を使うのか、普段、のりしか使用していないお子さまは難しかったかもしれません。できるだけ、制作の練習をする時は色々な道具に触れておくことをおすすめします。のりであっても、スティックのりやつぼのり、液体のりによってそれぞれ勝手が違います。どのくらいの量を使うのかなどは経験しなければ身に付きませんので、色々な道具を使う経験を積んでおくことが大切です。加えて、小学校受験では紐の結び方も頻出です。「かた結び」「チョウチョ結び」「たま結び」などはよく使用するものですので練習しておくことをおすすめいたします。

【おすすめ問題集】
実践 ゆびさきトレーニング①②③、Jr・ウォッチャー23「切る・貼る・塗る」

問題12　分野：制作

〈準備〉　ハサミ、セロハンテープ、クーピーペン（12色）、サインペン、画用紙Ａ４、ビニタイ、丸いシール（魚の目用）、カラーセロハン（ピンク、青、黄色）

〈問題〉　**この問題は絵を参考にして下さい。**
ここにある材料を使って、魚を作りましょう。
①袋に、上からピンク、青、黄色の順番でカラーセロハンを入れます。
②シールにサインペンで目を描き入れ、袋に貼ります。
③袋の口をビニタイで縛り、はみ出たカラーセロハンをハサミで切ります。
④画用紙に海の絵を描きます。
⑤画用紙に魚を貼り、完成です。

〈時間〉　15分

〈解答〉　省略

アドバイス

Ｃグループで出題された課題です。魚をつくったり、絵を描いたりと手際よく進めなければあっという間に15分が過ぎてしまいます。特に、絵を描き、色を塗る作業は時間がかかります。ただでさえ、ペンを使って絵を描くということは、まだ発達段階の幼児には難しいものです。学習方法の一つとして、手に力を入れる練習から進めることをおすすめします。例えば、布をしぼったり、粘土をこねるといった作業をしていると、徐々に指に力をこめる感覚がつかめてきます。そうすると、何かを描くといった作業もやりやすくなってくるはずです。

【おすすめ問題集】
実践 ゆびさきトレーニング①②③、Ｊｒ・ウォッチャー23「切る・貼る・塗る」

家庭学習のコツ②　「家庭学習ガイド」はママの味方！

問題演習を始める前に、試験の概要をまとめた「家庭学習ガイド（本書カラーページに掲載）」を読みましょう。「家庭学習ガイド」には、応募者数や試験課目の詳細のほか、学習を進める上で重要な情報が掲載されています。それらの情報で入試の傾向をつかみ、学習の方針を立ててから、対策学習を始めてください。

問題13　分野：行動観察

〈準 備〉　紙コップ（５人１グループで行われた）

〈問 題〉　**この問題の絵はありません。**
紙コップを使って、制作をしてください。何をつくるかは話し合って決めてください。
（制作終了後、試験監督者が１人を指名する）
何をつくったのか発表してください。
（試験監督者が他のグループの１人を指名する。指名された者は発表された制作物に関する質問を行う）

〈時 間〉　15分

〈解 答〉　省略

アドバイス

他の人と協調して作業を進められるかということが観点の一つとしてあります。つくるものを話し合って決めるとありますが、話し合いの場では自分の意見と違うものも出てきます。その時に、意見を譲ったり、折り合いをつけて話ができるかということが重要になります。加えて、指名されたお子さまのみですが、簡単な発表や質問がありますので、口頭試問と同じく、自分の言葉で意見を述べることができるということが重要です。

【おすすめ問題集】
Ｊｒ・ウォッチャー29「行動観察」、56「マナーとルール」

問題14　分野：保護者作文

〈準 備〉　ボールペン

〈問 題〉　**この問題の絵はありません。**
あなたにとっての「幸せ」とは何ですか、300字程度で書いてください。

〈時 間〉　30分

〈解 答〉　省略

出題されるは課題の背景には本校で「てつがく創造活動」という取り組みが行われていることがあります。過去には、本校の授業で扱われるテーマが保護者作文の課題になることもありました。まずは、学校の示している方針を調べ、理解することが重要です。そのうえで、学校の考えから外れない範囲での作文を行いましょう。本校の場合、メモ帳やノートなどの持込は可となっています。手早く、書く内容を箇条書きにしてみると、清書で迷う時間が少なくなり全体の作文時間の短縮につながります。また、どのような題が出題されても、基本的な文章のルールは共通のものですから、確認しておきましょう。

【おすすめ問題集】
新 小学校受験 願書・アンケート・作文 文例集500

問題15 分野：保護者面接

〈準 備〉 なし

〈問 題〉 **この問題の絵はありません。**

保護者へ、以下から数題。
・最近、お子さまと大笑いしたエピソードはありますか。
・お子さまに「何で勉強するの？」と尋ねられたら、何と答えますか。
・お子さまが、アリを踏み潰しているのを見つけたらどうしますか。
・お仕事をされていますか。
・お仕事をされていて、初めの送迎や学校への協力、緊急の駆け付けはさしさわりはありませんか。
・お子様にはお仕事のことをどのように伝えておいでですか。
・スマートホンやタブレットをどのように使わせていますか。
・タブレットを使って害になることはありますか。
・今の幼稚園を選んだ理由を教えてください。
・園での様子を教えてください。
・子どもに対してネットやスマートホンの規制をかけてますか（かけているときの理由について）。
・電化製品を使った教育についてどう思われますか。
・ご家庭の教育方針で、最近よかったと思われることは何でしょうか。
・休日の過ごし方について教えてください。
・食事は家族そろって食べていますか。
・転居後の転園をしなかった理由は何ですか。通園はどのようにしてますか。
・お子さまの好き嫌いの対処方法についてお聞かせください。
・学校給食は残さず食べるべきですか。
・子どもができないこと（苦手）に直面したときの対処方法についてお聞かせください。
・お子さんがやりたがらないときはどのようにしてますか。
・兄弟で異なる学校への入学はどうしてですか。
・作文についての質問もありました。
・父親と子育てについて意見が合わないことがありますか。

〈時 間〉 適宜

〈解 答〉 省略

アドバイス

質問される内容はご家庭での教育方針やお子さまとのエピソードまで幅広くあります。
また、アンケートの内容からも数問、聞かれることがありますので、答えられるようにしておきましょう。話す内容を原稿に書き起こすといった対策は必要ありませんが、お子さまの園での様子などは普段から、積極的に会話をし、情報を集めておきましょう。お子さまとのエピソードを紙に箇条書きしてみるなどをしておくと、考えがまとまり、話しやすくなります。その際に、ご家庭の教育方針などもまとめておくと唐突に聞かれても、戸惑いませんので準備しておくことをおすすめいたします。いずれの質問を答えるにしても、ご自身の言葉で答えることが大切ですので、落ち着いて回答しましょう。

【おすすめ問題集】
家庭で行う 面接テスト問題集、保護者のための 入試面接最強マニュアル

2023年度以前の過去問題

問題16 分野：口頭試問

〈準 備〉 なし

〈問 題〉 （問題16の絵を見せて）
この中に知っているものはありますか。（答えた後）それはどのように使いますか。

〈時 間〉 30秒

〈解 答〉 省略

［2023年度出題］

アドバイス

Ａグループで出題された問題です。普段の生活体験から得られる知識を、お子さまが自分の言葉で説明できるかがポイントです。本問に限らず、受け答えをする際は、年齢相応の姿勢、言葉遣いが求められます。しっかりと対策をして臨みましょう。道具の名前や、使い方に関する知識は、前述したように、普段の生活体験から得ることができます。料理に限らず、遊びやお手伝いなどを通して、お子さまにいろいろなことを体験させてあげるとよいでしょう。

【おすすめ問題集】
新口頭試問・個別テスト問題集、
口頭試問最強マニュアル 生活体験編・ペーパーレス編

問題17 分野：口頭試問

〈準 備〉 なし

〈問 題〉 **この問題の絵はありません。**
お母さんやお父さんがぎゅっと抱きしめてくれるときがありますか。
（答えた後）どんな時にしてくれますか。その時どんな気持ちですか。

〈時 間〉 30秒

〈解 答〉 省略

［2023年度出題］

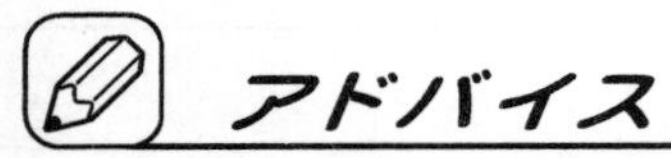

Ｂグループで出題された問題です。本問では、普段の保護者の方とお子さまとの関わり方が観られています。お子さまと良好な関係を築くことは、本校に限らず、学校生活を送る上での大前提となります。受験に集中するあまり、お子さまに負担を強いてしまった結果、本来最も信頼し合うべき親子の関係に亀裂が生じてしまうといったケースは、近年よく見受けられます。受験以前の内容ですが、普段からお子さまとよくコミュニケーションを取り、確固とした信頼関係を築きましょう。また前問同様、体験したことをお子さま自身の言葉で説明する必要があります。質問自体は難しくないので、恥ずかしがらず、はっきりと受け答えができるようにするとよいでしょう。

【おすすめ問題集】

新口頭試問・個別テスト問題集、
口頭試問最強マニュアル　生活体験編・ペーパーレス編

問題18　分野：口頭試問（推理）

〈準　備〉　円柱形の積み木５つ、三角・四角の積み木各４つ、積み木を入れる箱３つ

〈問　題〉　①雨の日は、おうちでどんなことをしますか。お話してください。
②（問題18－１、18－２の絵を見せて）
ウサギさんとクマさんは、どうしてけんかをしていると思いますか。お話ししてください。
③（円柱形の積み木１つと、問題18－１の絵を見せて）
これ（円柱形の積み木）と同じ積み木を絵の中から見つけて教えてください。
④（３つの箱の中に円柱、三角、四角の積み木を４つずつ分けて入れておく）
この積み木（円柱形の積み木）を片付けます。どの箱に入れますか。積み木を箱の中に入れてください。

〈時　間〉　１分

〈解　答〉　省略

［2023年度出題］

アドバイス

Ｃグループで出題された問題です。設問①では、普段の体験をお子さま自身の言葉で説明する必要があります。また、設問②では、絵を見てどんなことがあったのかを連想する必要があります。どちらの問題も、生活体験に基づく問題です。特に設問②では、このようなシチュエーションを、経験を通して理解する必要があります。別段珍しいシチュエーションではありませんが、お友達との交流を通してのみ得られる経験です。普段からお友達との交流の場を積極的に設けるとよいでしょう。本校はこのようなコミュニケーション力を非常に重要視しています。以後出題される行動観察や、制作の問題にも通じるところがあるため、しっかりと対策をたてましょう。また、問題全体を通して、はっきりと受け答えができるようにしましょう。その際、お友達と先生は違うということが理解できている必要があります。

【おすすめ問題集】
　新口頭試問・個別テスト問題集、
　口頭試問最強マニュアル 生活体験編・ペーパーレス編

問題19　分野：口頭試問（比較）

〈準備〉　バナナ１本、バナナの模造品（にせもの）１本

〈問題〉　**この問題の絵はありません。**
（本物のバナナとにせもののバナナを渡す。）
ここに本物のバナナと、にせもののバナナがあります。本物とにせものでは、どこがどのように違うか教えてください。触って調べてもかまいません。

〈時間〉　１分

〈解答〉　省略

［2023年度出題］

アドバイス

Ａグループで出題された問題です。明確な解答はなく、「渡されたものをよく観察すること」「自分の意見をはっきりと伝えること」を重要視しています。受け答えの際は、齢相応の姿勢、言葉遣いが求められます。言葉で表現する練習を怠らないようにしましょう。また、上述したとおり、この問題に正解はありません。練習の際は、お子さまの回答に対し「～について答えるべき」といった指導は避け、「なぜそう思うのか」「他に違いはないか」などの質問をして、説明する力を養うようにするとよいしょう。

【おすすめ問題集】
　新口頭試問・個別テスト問題集、
　口頭試問最強マニュアル 生活体験編・ペーパーレス編

問題20　分野：口頭試問（推理）

〈準 備〉　問題20の絵の左側（点線部分）を切り取っておく。

〈問 題〉　（問題20の絵と、切り離した二枚の絵を渡す）
この二枚の絵を空いている四角の上に置いて、アルバムを完成させてください。完成したら、どうしてそこに置いたのか、教えてください。

〈時 間〉　1分

〈解 答〉　省略

［2023年度出題］

アドバイス

Ａグループで出題された問題です。渡された２枚の絵を、所定の位置に配置するという単純な作業ですが、本問ではその理由をはっきり伝えることができるか、という点を重要視しています。問題文にも「どうしてそこに置いたのか、教えてください」とあります。しっかりと指示を聞き、理由を考えた上で行動に移せるよう、指導してください。また、本問に限らず、自分の考えを発表するときは、「しっかりと考えた上で、それを実行しました」ということが伝わるように、自信を持って発表しましょう。前問同様、明確な解答はありません。発表する理由についてはお子さまの考えを尊重し、どのように言えば伝わるかなどについて、指導をするとよいでしょう。

【おすすめ問題集】
新口頭試問・個別テスト問題集、
口頭試問最強マニュアル　生活体験編・ペーパーレス編

問題21　分野：口頭試問（数を分ける）

〈準 備〉　なし

〈問 題〉　（問題21の絵を見せて）
ここにいる４人で６個のドーナツを分けます。どのように分けるとよいでしょう。お話ししてください。

〈時 間〉　1分

〈解 答〉　省略

［2023年度出題］

6つのドーナツを4人で分ける問題です。単純な分配の問題と捉えれば1人1個と半分ということになりますが、本問では解答が設定されていません。登場する人物の年齢や性別がバラバラに設定されているため、どのように分配するかは、お子さまの考え方次第ということになります。分配の仕方について、なぜこのように割り振ったのか、しっかりと自分の考えを説明できるようにしましょう。また、分配の問題は、日常生活における経験に影響されます。日々の生活の中で、このような学びの機会を積極的に取り入れるとよいでしょう。

【おすすめ問題集】
新口頭試問・個別テスト問題集、
口頭試問最強マニュアル 生活体験編・ペーパーレス編

問題22 分野：口頭試問（数を分ける）

〈準 備〉 ピザカッター、インク

〈問 題〉 （問題22の絵を渡す）
ここにあるピザを、5人で分けます。どのように分けたらよいでしょう。ピザカッターとインクを使って、ピザの上に線を引いてください。

〈時 間〉 各30秒

〈解 答〉 省略

［2023年度出題］

 アドバイス

円形のピザを5つに分ける問題です。前問とは違い人物の指定が無いため、5等分にすることが求められます。難易度が高いことに加え、普段使う機会があまりない道具を用いての回答になります。扱いが難しい道具ではないので、落ち着いて取り組むようにしましょう。また、このような問題では、課題に取り組む姿勢をより重点的に観られています。難しい課題にも、最後まで集中して取り組めるようにしましょう。また、使い終わった道具の扱いにも、注意を払いましょう。

【おすすめ問題集】
新口頭試問・個別テスト問題集、
口頭試問最強マニュアル 生活体験編・ペーパーレス編
Ｊｒ・ウォッチャー40「数を分ける」

問題23　分野：口頭試問（比較）

〈準備〉　問題23の絵の点線部分を切り取っておく。

〈問題〉　（切り取った問題23の絵を全て渡す）
ここにある絵を、左から背の高い順番に並べてください。

〈時間〉　各20秒

〈解答〉　省略

[2023年度出題]

アドバイス

Ｂグループで出題された問題です。実際の試験では、問題21の分配の問題の後、分配した人物を並べ替える形で出題されました。シンプルな比較の問題です。間違える可能性があるとすれば、「左から」という指示をしっかりと聞くことができるか、しっかりと左右の弁別ができているか、といった点でしょう。どちらも小学校受験においては基礎的な内容です。しっかりと自信を持って回答しましょう。

【おすすめ問題集】
新口頭試問・個別テスト問題集、
口頭試問最強マニュアル　生活体験編・ペーパーレス編

問題24　分野：制作（行動観察）

〈準備〉　紙皿に穴を二つ空け、動物の顔を描いておく。
24－２の絵を切り抜いて長い耳・大きな耳・小さな耳の３つの耳を作っておく。
切り抜いた耳にマジックテープを貼る。
リボン、色画用紙、ハサミ、ボンド、セロハンテープ、マジックテープ、
黒いペン、体操の時に使う赤白の帽子（所定の位置にマジックテープを貼っておく）

〈問題〉　**この問題は絵を参考にして下さい。**
（問題24－１の絵をみせる）
見本を見ながら、ここにある材料を使って、お面を作りましょう。
・好きな形の耳を選んで、マジックテープで帽子に貼り付けてください。
　耳は自分で作ってもかまいません。
・動物の顔が描いてある紙皿を、マジックテープで帽子に貼り付けてください。
・リボンを帽子のゴム紐に、蝶結びで結びつけてください
・完成したお面をつけて、「小学生ごっこ」をして遊びましょう。

〈時間〉　15分

〈解答〉　省略

[2023年度出題]

アドバイス

当校では例年、工作の課題が出されています。ハサミなどの道具に慣れておくことは必須です。普段から「作る」遊びを行い、道具や材料の扱いに慣れておくとよいでしょう。また、制作の課題では、取り組む姿勢の観察を通して、家庭での教育や本人の性質が観られます。話を聞くこと、指示を守ること、根気よくていねいに作業を行うこと、道具をていねいに扱うこと、作業が終わったら道具や紙くずを片付けること等を、日常の生活を通して習慣づけましょう。後半の「小学生ごっこ」では、協調性が観られます。コロナ禍の影響で、お友達と関わる機会が少なかったお子さまにとって、試験会場で初めて会ったお友達と仲良く遊ぶことは難しいと感じるかも知れません。普段から、お友だちと交流する機会をなるべく多く持つようにしましょう。

【おすすめ問題集】

実践 ゆびさきトレーニング①②③、Ｊｒ・ウォッチャー23「切る・貼る・塗る」
29「行動観察」、56「マナーとルール」

問題25　分野：制作（行動観察）

〈準備〉　穴の空いた紙コップ、ストロー２本、折り紙、ハサミ、のり、セロハンテープ、黒いペン、白のシール２枚、サイコロ（目が１～３までのもの）

〈問題〉　**この問題は絵を参考にして下さい。**
（問題25-２の絵を渡す）
ここにある材料を使って、羽のあるいきものをつくりましょう。いきものは自由に決めてかまいません。
・紙コップの穴にストローを２本さしてください。
・問題25-２の絵に描いてある羽を切り取ってください。
・切り取った羽をのりで貼ります。
・白いシールにペンで目玉を描き、紙コップに貼り付けてください。
・折り紙を使って、飾りをつけましょう。
・今作った生き物を使って、すごろくゲームをしましょう。

〈時間〉　15分

〈解答〉　省略

［2023年度出題］

アドバイス

Ｂグループで出題された問題です。用いられる道具はハサミやのりなど、小学校受験においてよく見かけられるものばかりです。このような道具や材料の扱いには、慣れておくとよいでしょう。制作の課題では、作品を上手く作ることよりも、「指示通りに作業することができるか」「意欲的に取り組むことができるか」といった点が見られています。基礎的な内容である分、疎かにすると、大きな減点につながりかねません。普段からの指導を通して、しっかりと身につけておきましょう。

【おすすめ問題集】

実践 ゆびさきトレーニング①②③、Ｊｒ・ウォッチャー23「切る・貼る・塗る」
29「行動観察」、56「マナーとルール」

問題26　分野：制作（行動観察）

〈準備〉　箱、折り紙、ハサミ、ボンド、黒ペン、お手拭き

〈問題〉　**この問題は絵を参考にして下さい。**
（問題26の絵を渡す）
ここにある材料を使って、車を作りましょう。
・4つのタイヤを切り取ってください。
・切り取ったタイヤを、箱に貼り付けます。
・折り紙などで飾りつけをしましょう。
・今作った車を走らせてみましょう。お友達と会ったときは、自分が作った車についてお話をしたり、お友達の作った車について、質問したりしましょう。

〈時間〉　15分

〈解答〉　省略

［2023年度出題］

アドバイス

Cグループで出題された問題です。本年度の制作課題の傾向として、完成した作品を用いて、他の受験生とコミュニケーションを取る必要があります。特に本問では「自分の作品を自分の言葉で説明すること」「相手の話を聞き、相手の作品に関心を持つこと」が必要になります。話すことも聞くことも、他者とのコミュニケーションにおいて、非常に重要な要素です。どちらも疎かにならないよう、しっかりと準備して臨みましょう。また、このような「お友達とのコミュニケーション」を身につけるには、普段からそのような環境に身を置くことが最も効果的です。保護者の方は、お子さまが他のお友達と遊ぶ機会を、なるべく多く持てるようにするとよいでしょう。

【おすすめ問題集】
実践 ゆびさきトレーニング①②③、Ｊｒ・ウォッチャー23「切る・貼る・塗る」29「行動観察」、56「マナーとルール」、21「お話作り」

問題27　分野：行動観察

〈準備〉　音源（かもつ列車）

〈問題〉　**この問題の絵はありません。**
「じゃんけん列車」をします。やり方を説明しますので、よく聞いてください。
・音楽が鳴ったら、自由に動きます。
・音楽が止まったら、近くのお友達とじゃんけんをします。
・勝った方が前、負けた方が後ろにつきます。
・何回か繰り返しやりましょう。
・2列になったとき、1番前にいる人の勝になります。

〈時間〉　適宜

〈解答〉　省略

［2023年度出題］

アドバイス

集団の中での振る舞いを通して、お子さまが小学校入学後の集団生活や授業に適応できるかどうかが判断されます。人の話を聞くことができるか、指示を守れるか、必要に応じて自己を抑制することができるかなどが観られています。また、「じゃんけん列車」では、初めて会うお友達とコミュニケーションを取る必要があり、協調性や積極性も同時に観られています。コミュニケーション力は、一朝一夕にして身につくものではありません。普段から、お友達と交流する機会を積極的に持ち、このような場に慣れておくようにしましょう。

おすすめ問題集】
　Ｊｒ・ウォッチャー29「行動観察」、56「マナーとルール」

問題28　分野：作文

〈準備〉　筆記具

〈問題〉　**この問題の絵はありません。**
あなたは「自由」についてどのように考えますか。

〈時間〉　30分

〈解答〉　省略

［2023年度出題］

アドバイス

30分の間に与えられた課題を300字でまとめなければなりません。ノートの持ち込みは許可されているようです。相手が読みやすい字、誤字脱字の無いように注意して書きましょう。また、作文の内容について、面接で質問されるケースがあります。その点にも留意しておきましょう。作文を書く際、上手に書こうとするのでは無く、学校の考えの範疇から逸脱しないように書くことが肝要です。ただ、このときの常識の範囲は学校が考える常識の範囲であって、各ご家庭の基準によるものではありません。この点を違えますと、誤った内容の作文になってしまいますので注意してください。ノートの持ち込みが許されていることから、事前に準備をすることができますので、落ち着いて取り組みましょう。

【おすすめ問題集】
　新 小学校受験 願書・アンケート・作文 文例集500

家庭学習のコツ③　効果的な学習方法～問題集を通読する

過去問題集を始めるにあたり、いきなり問題に取り組んではいませんか？　それでは本書を有効活用しているとは言えません。まず、保護者の方が、すべてを一通り読み、当校の傾向、ポイント、問題のアドバイスを頭に入れてください。そうすることにより、保護者の方の指導力がアップします。また、日常生活のさまざまなことから、保護者の方自身が「作問」することができるようになっていきます。

問題29　分野：保護者面接

〈準備〉　なし

〈問題〉　**この問題の絵はありません。**

保護者へ
- 仕事をされていますか。
- 仕事をされていて、初めの送迎や、学校への協力、緊急の駆け付けはさしさわりはありませんか。
- 通勤時間を教えてください。
- 仕事のことを子育てにどう活かされていますか。
- お子様には仕事のことをどのように伝えておいでですか。
- スマートホンやタブレットをどのように使わせていますか。
- タブレットを使って害になることはありますか。
- 携帯電話を持たせることについての考えを聞かせてください。
- 子どもに対してネットやスマートホンの規制を書けてますか。（かけているときの理由について）
- 電化製品を使った教育についてどう思われますか。
- 園での様子を教えてください。
- ご自身の教育方針と対極的にあるお考えをお聞かせください。（とはいえ、無理強いしなければならない場面ではどのようにしていますか）
- ご家庭の教育方針で、最近よかったと思われることは何でしょうか。
- 休日の過ごし方について教えてください。
- 食事は家族そろって食べていますか。
- 転居後の転園をしなかった理由は何ですか。通園はどのようにしてますか。
- お子さまの好き嫌いの対処方法についてお聞かせください。
- 学校給食は残さず食べるべきですか。
- 子どもができないこと（苦手）に直面したときの対処方法についてお聞かせください。
- お子さんがやりたがらないときはどのようにしてますか。
- 兄弟で異なる学校への入学はどうしてですか。
- 作文についての質問もありました。
- 父親と子育てについて意見が合わないことがありますか。

〈時間〉　適宜

〈解答〉　省略

［2023年度出題］

アドバイス

実際の面接では、ここにあるような質問の中からいくつかが選ばれて聞かれます。いずれも基本的な質問ですから、準備しておけば特に問題はないでしょう。ただし、学校の教育方針への理解や、学校運営への協力・参加の度合いに懸念があると判断されそうなケースの場合、掘り下げて聞かれることもあると、念頭に入れておいてください。また、保護者作文の内容についても質問されることがあります。しっかりと意識しておくようにしましょう。

【おすすめ問題集】

面接テスト問題集、新・保護者のための面接最強マニュアル、
小学校受験の入試面接Ｑ＆Ａ

問題30　分野：口頭試問（推理・言語）

〈準備〉　なし

〈問題〉　1（問題30－1の絵を見せて）
①どのお部屋で何をしたいですか。（答えた後）それはなぜですか。
②先生は、最近、家でよく料理をします。昨日のお昼に何を作ったと思いますか。ヒントは「卵」と「ごはん」を使った料理で、フライパンで作ります。質問は1回だけしてもよいです。（答えた後）それはどうしてですか。

2（問題30－2の絵を見せて）
①どのお店で何を買いたいですか。（答えた後）それはなぜですか。
②先生は青果店で買いたいものがあります。何を買いたいと思いますか。ヒントは「4つの文字」で、最後に「ん」がつくものです。質問は1回だけしてもよいです。（答えた後）それはどうしてですか。

3（問題30－3の絵を見せて）
①ブタさんがオニになってかくれんぼをしたとき、あなたはどこに隠れますか。（答えた後）それはなぜですか。
②最後まで見つからなかった動物はなんだと思いますか。質問は1回だけしてもよいです。（答えた後）それはどうしてですか。

〈時間〉　①30秒　②1分

〈解答〉　省略

［2022年度出題］

学習のポイント

1はAグループ、2はBグループ、3はCグループで出題された課題です。各グループで多少の違いはありますが、「絵を見て自分の意見を言う」「推理をして回答する」という共通した課題が出題されました。①も②も明確な答えはありません。先生の質問を正しく理解し、自分の意見がはっきり言えるか、それはどうしてか、を矛盾なく答えることが大切です。このような問題で大切なことは、保護者の方が答えを決めつけないことです。「正解」と「意見」は違います。この問題ではお子さまの「意見」が問われているという点をしっかりと認識して指導してください。また、「質問は1回だけしてもよい」と指示されています。このような指示があった場合、質問をしてもしなくても、採点には影響しません。お子さまが、説明が苦手なようでしたら、ふだんの学習の際に、正解を確認する前に、答えを見つけるまでの筋道を聞き取るような練習をしてみるとよいでしょう。

【おすすめ問題集】
新口頭試問・個別テスト問題集、
Ｊｒ・ウォッチャー17「言葉の音遊び」、31「推理思考」

問題31　分野：口頭試問（比較）

〈準 備〉　なし

〈問 題〉　（問題31の絵を見せて）
①ここにお箸が８本あります。同じ長さのものをセットにしてください。
何膳（何セット）できましたか。
②セットにならなかったものは、ありますか。それはどうしてですか。お話ししてください。

〈時 間〉　①15秒　②１分

〈解 答〉　①３膳　②ある（２本あまる）

［2022年度出題］

学習のポイント

実際の試験では、実物の塗り箸を使って出題されました。長さや大きさの比較は当校の口頭試問では頻出です。学校側は、お子さまがきちんと考えているか、「なんとなく」で答えてないかを観ています。本問では、同じ長さで組にしていくと、２本あまります。箸の本数だけ見て単純に組み合わせていないか、先生の指示を最後までしっかり聞き、理解してから行動しているかも大切なポイントでしょう。聞かれたことに的確に答える、理由を問われたときに自分の考えを答える、この２点が口頭試問では必要です。ふだんの会話の中で、「それはどうして？」と質問をすることで、お子さまの説明する力を身につけていきましょう。

【おすすめ問題集】
新口頭試問・個別テスト問題集、Ｊｒ・ウォッチャー15「比較」、58「比較②」

問題32　分野：口頭試問（理科・推理）

〈準 備〉　コップ（大１、小２）
※あらかじめ、絵を参考にして水を入れておく

〈問 題〉　（問題32の絵を見せて）
左のコップの水を、右の空いているコップの線のところまで入れたとき、左のコップの水はどの線まで減っていると思いますか。お話ししてください。

〈時 間〉　１分

〈解 答〉　①

［2022年度出題］

学習のポイント

試験では水とコップが用意されていましたが、実際に移し替えることはせず、見て答えます。本問は、水量を求める問題としては基本的なものです。そのため、ここでは、正解が言えるようにしたいものです。こうした分配は、日常生活の体験量が大きく影響します。特に、当校の口頭試問では、「日常生活で行われること」について質問されることが多く、年齢相応の生活体験をしているか、その経験によって得たことを、その年齢なりの言葉で説明できるかが大切になってきます。こうした内容に限定せず、保護者の方は、日々の生活において、お子さまがいろいろなことを体験できるようにするとよいでしょう。

【おすすめ問題集】

新口頭試問・個別テスト問題集、Ｊｒ・ウォッチャー27「理科」、55「理科②」

問題33　分野：口頭試問（比較）

〈準備〉　紙皿（２枚）、積み木（直方体３、立方体５）

〈問題〉　（問題33の絵を見せて）
お皿の中の積み木をすべて積み上げたとき、右のお皿の積み木と左のお皿の積み木は、どちらの方が高くなりますか。お話ししてください。

〈時間〉　１分

〈解答〉　左の皿

［2022年度出題］

学習のポイント

積み木を使った比較の問題です。本問も実物は用意されていますが、見ながら考える問題です。ペーパーテストの場合には正解を選べばそれで終わりなのですが、当校では口頭試問という形で行われるため、正答だけではなく、どのように考えたか、どうしてそう思ったのかなどの理由まで問われます。直観や曖昧な答えではなく、「～だから～だ」と、自信を持って理由を述べられるようにしましょう。積み木は縦横の長さが違うものが使われていますが、頭の中だけで、どのように組み立てたらもっとも長くなるかということを考えるのは、最初は難しいかもしれません。問題を解いたあと、実際に積み木を積み上げてみて比較してみるとよいでしょう。

【おすすめ問題集】

新口頭試問・個別テスト問題集、Ｊｒ・ウォッチャー９「合成」、15「比較」

問題34　分野：口頭試問（数を分ける・常識）

〈準備〉　なし

〈問題〉　（問題34の絵を見せて）
①上に描いてあるクッキーを、ウサギさん、ゾウさん、あなたで仲良く分けてください。
②どうしてこのように分けましたか。お話ししてください。

〈時間〉　①30秒　②１分

〈解答〉　省略

［2022年度出題］

学習のポイント

クッキーは全部で６個ありますので、シンプルに考えると１人２つずつになります。しかし、絵をよく見ると、クッキーの種類が違います。この種類の違うクッキーをどうやって仲良く分けるかがこの問題のポイントです。考え方としては次の２つがあります。１つは同じ種類で２個ずつ分ける方法、もう１つはランダムに分ける方法です。お子さまが理由を述べる際に、保護者の方は、正解を急ぐあまり、口を挟まないよう注意してください。こうした問題では、子どもらしさの有無も大切なポイントですし、大人が考えつかないような説明をするかもしれません。分配などに関する問題は、日常生活における経験が大きく影響します。日常的にものを分配する機会の少ない環境でも、保護者の方が意識をして、さまざまな場面で分配を取り入れるよう心がけてください。

【おすすめ問題集】
新口頭試問・個別テスト問題集、Ｊｒ・ウォッチャー40「数を分ける」

問題35　分野：制作

〈準備〉　画用紙、ゴミを入れる紙袋
材料：紙コップ、綿、アルミホイル、折り紙、厚紙、毛糸、箱、シール、花瓶、スプーン、フォーク、魚の絵（②で使用）
道具：はさみ、のり、セロハンテープ、ボンド、油性マーカー（８色）

〈問題〉　※問題35の絵は②で使用してください。
①これから、教室の後ろにある材料を使って、机の上の画用紙に、好きな生き物を作ります。自分で持ってきた材料は全部使ってください。道具は全部使ってください。

②これから、教室の後ろにある材料を使って、机の上の画用紙に、海の中の様子を作ります。それから、問題35の魚の絵をはさみで切って、自分の作品のどこかに貼りましょう。使わなかった材料や余った材料は、机の横の紙袋に入れてください。

〈時間〉　各15分

〈解答〉　①省略

［2022年度出題］

学習のポイント

本年度の「制作」では、A・Bグループが工作、Cグループが描く課題が中心でした。本問の1はAグループ、2はBグループの課題です。当校の「制作」の課題は、「切る・塗る・貼る」といった基本的な作業ができれば、制作物の内容に対しての細かな指定や指示がないため、問題なくこなせるでしょう。作品の出来不出来もさることながら、作業に取り組む姿勢、道具や材料の取り扱い、先生の指示を最後までしっかり聞いて守っているかなどが観られます。また、根気強くていねいに作業が行えているか、作業が終わったら片付けができているか、なども観点の1つでしょう。特に、本問では、1では道具を全部使う、2では余った材料は机の横の紙袋に入れるという指示がありました。指示をしっかり聞いて、最後まで着実に作業ができるようにしましょう。

【おすすめ問題集】

実践 ゆびさきトレーニング①②③、Jr・ウォッチャー23「切る・貼る・塗る」

問題36　分野：制作

〈準備〉　クレヨン（12色）、はさみ、のり、台紙（上に2つの穴を開けておく）、リボン（赤）、紙テープ（青、台紙横より少し長い）

〈問題〉
（問題36-2の絵を渡す）
この紙に、幼稚園（保育園）で、好きなこと、楽しいことをしている絵を描いてください。紙は横にして使ってください。紙テープは、紙の下から3～5cmぐらい空けて、のりで貼ってください。紙からはみ出したところは切りましょう。絵が描けたら、穴にリボンを通して、ちょう結びをしてください。

〈時間〉　15分

〈解答〉　省略

［2022年度出題］

学習のポイント

Cグループの「制作」の課題です。A・Bグループに対し、描く課題が中心でした。しかし、ただ描くだけではなく、紙テープの切り貼りなどの工作の指示も含まれており、作品を仕上げる工程は全グループ共通しています。練習を行う時には、自分の子どもが該当するグループだけではなく、ほかの2グループの課題も取り組むことをおすすめします。また、「制作」の課題では、指示通りに作業をする、道具を正しく使用するということが、共通した観点となります。保護者の方は、ふだんの練習の際にも手順の説明はていねいに行い、指示を聞く姿勢を身につけるようにしましょう。そのうえで課題に取り組ませてください。取り組む姿勢の観察を通して、家庭でのしつけや本人の性格が観られます。作品の出来については、評価にそれほど大きな影響はないと思われますので、上手下手ではなく、指示通りに行えたこと、ていねいに作業が進められたことなどをほめるようにしていくとよいでしょう。

【おすすめ問題集】

実践 ゆびさきトレーニング①②③、Jr・ウォッチャー23「切る・貼る・塗る」

問題37　分野：行動観察

〈準備〉　なし

〈問題〉　**この問題の絵はありません。**
・（４人前後のグループで行う）机を移動させて、向かい合わせにしましょう。
・問題36で作ったものを発表する。発表が終わったら、作った人に質問をする。

〈時間〉　適宜

〈解答〉　省略

［2022年度出題］

学習のポイント

昨年度は行われなかった行動観察が、本年度は行われました。とはいえ、コロナ禍以前とは異なり、少人数で行われ、共同制作をしたり運動したりといった例年の行動観察とは少し異なりました。本問ではグループで制作の課題についての発表を行いました。発表の順番を決めたり、質疑応答したりする中で、お子さまの行動力や協調性などを観察しています。また、本番の試験では、はじめて会うお友だちばかりですので、自分の意見を押し通したり、反対に、緊張して何も話せなかったりするお子さまもいるかもしれません。昨今、お友だちと遊んだりお話しをしたりすることがなかなかできず、協調性を身に付ける機会が減っています。コミュニケーション力はすぐには身に付きませんから、保護者の方は、お子さまとの会話量を増やすように心がけてください。

【おすすめ問題集】
Ｊｒ・ウォッチャー29「行動観察」

問題38　分野：面接（保護者）

〈準備〉　なし

〈問題〉　**この問題の絵はありません。**

・志願者の氏名・生年月日・住所を教えてください。
・最近どのようなことで、お子さまを叱りましたか。
・お子さまを叱ったとき、どのように叱りましたか。その時、お子さまはどのような様子でしたか。
・本校は教育研究校ですが、それをどう理解していますか。研究のために多くの協力をお願いすることになりますが、大丈夫ですか。
・お子さまはどのような習い事をしていますか。
・子育てで気をつけていることは何ですか。
・「嘘も方便」ということわざについて、どのように思われますか。
・「嘘も方便」を、子育てを交えて具体的にお話しください。
・お子さまが事実と異なる場面を伝えようとしたら、どのようにしますか。
・お子さまは正直ですか。それはどういった時ですか。
・（母に）仕事はしていますか。参加行事が多いですが大丈夫ですか。
・（父に）お子さまは、幼稚園ではどのように過ごしていますか。
・お子さまは、ほかのお子さまに頼み事をされたとき、どうしていますか。
・家庭で勉強をサポートするとき、どのようにしますか。
・兄弟（姉妹）も同じ幼稚園（保育園）ですか。
・お子さまが園での様子を言いたくないとき、どうしていますか。
・お子さまのどんなところに成長を感じますか。

〈時間〉　適宜

〈解答〉　省略

［2022年度出題］

学習のポイント

実際の面接では、ここにあるような質問の中からいくつかが選ばれて質問されます。昨年度はコロナ禍という社会情勢を反映した質問が最初に行われましたが、本年度では例年通り基本的な質問に戻ったようです。よほど突飛な回答をしない限り評価に影響はないと思います。ただし、学校の教育方針への理解や、学校運営への協力・参加の度合いに懸念があると判断されそうなケースの場合、掘り下げて聞かれることもあると、念頭に入れておいてください。なお、保護者アンケート（作文）の課題は、**「『聴く』という漢字をどう捉え、どう使用していますか。具体例をあげて答えてください。（400字）」**というものでした。保護者面接では、作文の内容についても質問されることもありますので、準備しておくといいでしょう。なお、作文のテーマは毎年変わりますが、主に、学校の教育方針や子育てについての考え方が問われることが多いようです。

【おすすめ問題集】

面接テスト問題集、新・保護者のための面接最強マニュアル、
小学校受験の入試面接Q＆A

問題39　分野：口頭試問（理科）

〈準　備〉　なし

〈問　題〉　（問題39の絵を見せて）
懐中電灯を矢印の方向へ動かしていくと、つまようじの影はどのようになりますか。話してください。

〈時　間〉　1分

〈解　答〉　省略

［2021年度出題］

学習のポイント

当校の口頭試問では、このような「日常生活で見られる自然現象」について聞かれることが多いようです。こういった質問の意図は、①今までにそういった経験をしているかどうか。②それを年齢なりの言葉で説明できるか。ということになると思います。①は学習で補うことができますが、②に関してはすぐに身に付けるというわけにはいかないかもしれません。「自分の意図を相手に理解してもらうこと」の重要さと難しさをお子さまに理解してもらい、コミュニケーションを積み重ねていくしかないでしょう。なお、答えとしては「懐中電灯の光がつまようじの影を作り、懐中電灯が動くに従って影もその方向に動く」といった内容のことが話せれば充分です。

【おすすめ問題集】
新口頭試問・個別テスト問題集、Ｊｒ・ウォッチャー27「理科」、55「理科②」

問題40　分野：口頭試問（推理）

〈準　備〉　天秤、コップ２個、アヒルのおもちゃ（５cm程度）

〈問　題〉　**この問題は絵を参考にしてください。**
（問題40の絵のように天秤にコップを載せる）
右のコップにアヒルを入れるとどうなりますか。話してください。

〈時　間〉　1分

〈解　答〉　右に傾く

［2021年度出題］

天秤の問題ですが、よく見られるシーソーの問題と同じで、「重い方が下に傾く」ということが言えれば何の問題もありません。原理はわかっていなくても、感覚的にわかっていればよいのです。できれば「こちら側が重くなっているから、アヒルのおもちゃを入れた方に傾く」というふうに、「理由＋解答」の形で答えるようにしましょう。単に「こちらに傾く」と指さすよりはよい評価を受けられるからです。前述の通り、入学してから必要なコミュニケーション能力を測るために、当校の入試は、「口頭試問」の形式で行われています。お子さまがそこまで意識する必要はなく、また意識できないとしても、保護者の方はこの試験にそういった意味もあることを知っておきましょう。指導する時に役立ちます。

【おすすめ問題集】
新口頭試問・個別テスト問題集、Ｊｒ・ウォッチャー33「シーソー」

問題41　分野：口頭試問（お話作り）

〈準備〉　なし

〈問題〉　**この問題は絵がありません。**
＊絵本『はかせのふしぎなプール』（中村至男著・福音館書店）の一部を読み聞かせた後で。
①あなたならこのプールに何を入れたいですか。
②それはどうしてですか。

＊『はかせのふしぎなプール』のあらすじ
博士の新発明は、どんなものでも大きくするプール。プールの中に入れたものは、とてつもなく巨大になってしまいます。助手君は、水面から出た一部を手がかりに、何がプールに沈んでいるのかと考えますが、なかなかわかりません。

〈時間〉　①30秒　②１分

〈解答〉　省略

［2021年度出題］

学習のポイント

絵本の読み聞かせとそれに関する質問がセットになっています。当校ではこうした出題であっても、お話の内容に関する質問はほとんどないので、「誰が何をした」といったことは覚える必要はありません。むしろ、お話の全体が何を表しているか、どういう意味があるのかを理解するようにしましょう。同じような趣旨の問題としては、絵を見て、そこに描かれている人の気持ちを考えたり、その後どうなるかを考えたりといった問題があります。こうした問題では、「それはなぜですか」という質問が答えの後に追加されると思ってください。自分の考えを言う前に理由を考えておけばスムーズに話せるでしょう。なお、印象に残そうとして変わった答えを言うのはなるべく避けてください。そうした答えを言うと「なぜですか」という質問への返答がしにくくなります。

【おすすめ問題集】
新口頭試問・個別テスト問題集、Ｊｒ・ウォッチャー21「お話作り」
保護者のための面接最強マニュアル

問題42　分野：口頭試問（常識・言語）

〈準備〉　なし

〈問題〉　**この問題の絵はありません。**
①あなたがしたことで、今まで１番面白かったことを教えてください。
②あなたがやってみたいけれど、やってはいけないと思っていることは何ですか。

〈時間〉　①１分　②１分

〈解答〉　省略

［2021年度出題］

学習のポイント

前述した通り、発想の豊かさを観点にしているわけではないので、面白い答えや変わったことを言う必要はありません。理解でき、年齢なりのモラルがうかがえる答えなら問題ないのです。思い浮かんだことを迷わず話せばよいでしょう。「お菓子を思い切り食べたいが、虫歯になるので我慢している」といったもので充分という評価をしてください。あえて言うなら経験したことや目にしたことのあることの方が話しやすく、相手にも伝わりやすいので無難といったところでしょうか。抽象的なことはどうしても説明が複雑になり、お子さまの語彙がついていかなくなるかもしれないからです。

【おすすめ問題集】
新口頭試問・個別テスト問題集、Ｊｒ・ウォッチャー21「お話作り」

問題43　分野：制作

〈準　備〉　セロハンテープ、紙コップ４個、ビーズ（適宜）、ひも（15cm程度）、折り紙（２枚）

〈問　題〉　これから「マラカス」を作ってもらいます。時間が余った人は、ほかに「音の出るもの」を作ってください。
※制作手順、制作例については、問題43の絵を参照してください。

〈時　間〉　５分

〈解　答〉　省略

［2021年度出題］

学習のポイント

同じく制作の課題です。前の問題よりは少し手順が複雑ですが、それほど難しいものではありません。「ひもを結ぶ」という作業は例年出題されているので練習しておいた方がよいかもしれませんが、ほかの作業は過去問の制作を行っておけば充分に対応できるはずです。当校の制作の課題は、年々簡単なものになっている、というのは前述の通りですが、そういった傾向というのは数年の周期で変わります。かつてのような難しい課題が出題される可能性もなくはないので、ある程度の準備、練習は怠りなく行っておきましょう。

【おすすめ問題集】
実践 ゆびさきトレーニング①②③、Ｊｒ・ウォッチャー23「切る・貼る・塗る」

問題44　分野：面接（保護者）

〈準　備〉　なし

〈問　題〉　**この問題の絵はありません。**
・緊急事態宣言が発令され外出できない中、どのように過ごされますか。
・ご両親のうち、在宅勤務をされた方はいましたか。
・志願者（子ども）の氏名・生年月日・住所を教えてください。
・入学してからの通学方法、および時間について説明してください。
・公共の交通機関の使用にあたり、指導していることはなんですか。
・両親ともに働いていますか。
（はいの場合）勤務形態（フルタイムかパートか）はどういうものですか。
・（共働きの保護者に対し）平日の保護者会やイベントに出席・協力できますか。
・志願者に兄弟・姉妹はいますか。
（はいの場合）兄弟・姉妹の通学先（公立・私立）はどちらですか。
・受験するにあたって、犠牲にしたことはなんですか。
・（アンケートに記入する）作文に関して、質問はありますか。
・同じクラスの保護者から、クラスにいじめがあるらしいとメールが来ました。どのような対応をしますか。
・子どもが反抗的な態度をとった時、どうしますか。

〈時　間〉　５～10分程度

〈解　答〉　省略

［2021年度出題］

学習のポイント

本年度は社会情勢を反映した質問が最初にありましたが、例年は「面接でよく聞かれること」ばかりが連続しますから、それほど綿密な準備が必要なものではありません。教育に対する熱心さを見せ、当校の特徴、教育方針、建学の精神などを押さえておけば、「問題なし」となるはずです。マナーに関しても「明らかに問題がある行動」さえしなければ、失格ということにはなりません。ふだんはしないことをしてしまったり、よくわからないことを緊張のあまり言ってしまう方がよほど問題ですから、リラックスして臨んでください。なお、保護者アンケート（作文）の課題は面接の質問と同じよう内容で**「コロナ禍など先行き不透明な社会状況の中であなたが学校・教育に期待することは何ですか（400字）」**というものでした。

【おすすめ問題集】
面接テスト問題集、新・保護者のための面接最強マニュアル、
小学校受験の入試面接Ｑ＆Ａ

問題45　分野：口頭試問（常識・理科）

〈準備〉　木製の玉（４個×３）、金属製の玉（１個）、
中に空気が入ったプラスチック製の玉（２個）、
※それぞれは同じ大きさ
※問題45の絵を参考に木製の玉を接着剤でつないでおく
水の入った水槽
※水槽の大きさは適宜、適量の水をあらかじめ入れておく

〈問題〉　**この問題は絵を参考にしてください。**
（３種類の玉を見せて）
①水に浮くのはどれだと思いますか。
（問題45の右の絵のように「木製の玉」を水に浮かべて）
②金属の玉を水に浮かせるにはどのようにしますか。

〈解答〉　省略

〈時間〉　１分

［2020年度出題］

学習のポイント

実験風の楽しそうな問題ですが、「どうしてそうなのか」と聞かれると大人でも答えにくい問題です。何が水に浮いて、何が沈むかということの原理は、説明したところでお子さまにはまだわからないでしょう。つまり、この問題は考えるというよりも、似たような経験があるかをチェックしている問題なのです。対策としては日々の生活の中で経験を積むこと、保護者の方はお子さまが興味をもったことがあれば説明する、体験の機会を設けるといったことになるでしょう。最低限、過去の問題に取り上げられているような常識に関しては、理科に関するものを含めて体験・経験をさせておきましょう。小学校受験の問題のほとんどは生活体験やそこで得た知識から出題されるのです。

【おすすめ問題集】
新口頭試問・個別テスト問題集、Ｊｒ・ウォッチャー27「理科」、55「理科②」

問題46　分野：制作

〈準 備〉 青い画用紙（問題46の絵のようにあらかじめ線を引いておく）、白い画用紙（問題46の絵のようにあらかじめ線を引いておく）、クレヨン、スティックのり、ハサミ

〈問 題〉 **この問題は絵を参考にしてください。**
①「骨」を作ります。はじめに先生の周りに集まってお手本を見た後、自分の席に戻って作業をしてください。
・青い画用紙を２つに折る。
・点線に沿ってハサミで切る。
②「クリスマスツリー」を描く紙を作ります。はじめに先生の周りに集まってお手本を見た後、自分の席に戻って作業をしてください。
・白い画用紙を２つに折る。
・点線に沿ってハサミで切る。
・青い画用紙の上に白い画用紙をのりで貼る。
③「クリスマスツリー」を描きます。はじめに先生の周りに集まってお手本を見た後、自分の席に戻って作業をしてください。
・クリスマスツリーを白い紙の中央に描く。
・赤い玉（オーナメント）と縞模様の靴下をクリスマスツリーの周りに描くように指示がある。

〈解 答〉 省略

〈時 間〉 各10分程度

［2020年度出題］

学習のポイント

当校の入試の制作（工作）はその作業内容が年々簡単になっています。基本的な「切る・貼る・塗る」という作業が年齢相応にできれば、特に困ることはないでしょう。こうした作業が上手くないからといって神経質になることはないということです。行動観察の問題で述べたように「指示の理解と実行」ができていれば問題ないのです。以前は制作物の提出や発表の仕方にも指示があるなど、作業以外のチェックポイントも多かったのですが、ほとんどなくなっています。こうした問題であれば、本校の入試以外の課題でも充分練習課題になります。お子さまの作業に不安があるなら、そういった課題で練習してもよいでしょう。

【おすすめ問題集】
新口頭試問・個別テスト問題集、実践 ゆびさきトレーニング①②③
Ｊｒ・ウォッチャー23「切る・貼る・塗る」

問題47　分野：口頭試問

〈準備〉　なし

〈問題〉　（問題47の絵を見せて）
「？」では何が起きたと思いますか。答えてください。

〈解答〉　省略

〈時間〉　各1分

［2019年度出題］

学習のポイント

左の絵と右の絵を見て、中央の絵で「描かれるべき場面を想像する」という、お話作りの課題です。こう書いてしまうと難しそうに聞こえますが、実際は右の絵を見て、「どうしてそうなったのかを想像する」だけですから、それほど難しいものではありません。スムーズに答えが出せないようであれば、能力ではなく経験が不足していると考えて、出かける機会を増やしたり、読み聞かせを習慣にするなどしてください。「時間（話）の流れ」を数多く知れば、そこから推測・想像することも自然にできるようになるはずです。なお、ここでの観点は「面白いお話を考える創造性・個性」といったものではなく、「考えたことをわかるように伝える能力」です。無理やり突飛なお話を考える必要はありません。言葉遣いも考えながら、相手にわかるように話すことを心がけてください。

【おすすめ問題集】
新口頭試問・個別テスト問題集、Ｊｒ・ウォッチャー21「お話作り」

問題48　分野：口頭試問（言語）

〈準備〉　なし

〈問題〉　**この問題の絵はありません。**
今から言う言葉の「逆さ言葉」を言ってください。
「トマト」「スイカ」「クリスマス」「サンタクロース」

〈時間〉　1分

〈解答〉　省略

［2019年度出題］

学習のポイント

最近の小学校受験では言葉の音（おん）に関する問題が頻出するようになりました。しりとりに代表されるような言葉遊びが、さまざまな形で、課題の１つになっています。この問題はその中でももっとも基本的なものでしょう。たとえ知らない言葉が出題されても、音（おん）を聞いておけば答えられるからです。特別な対策も必要ないでしょうが、不安があるようなら、まずは、お子さまに言葉がいくつかの音節でできていることを教えてください。例えば「ト・マ・ト」と１音ずつ言えば、難しいことを言わなくても、言葉がいくつかの音で成り立っていることを理解できるでしょう。次に、必要なのは語彙を豊かにすることです。絵を見て「これは～だ」ということがわかる、という意味での語彙ばかりではなく、日常の会話や物語の中で使われている言葉を自分でも使えるようになるというレベルの語彙を身に付けることを目指してください。

【おすすめ問題集】
新口頭試問・個別テスト問題集、Ｊｒ・ウォッチャー18「いろいろな言葉」、
60「言葉の音（おん）」

問題49　分野：行動観察

〈準備〉　なし
※この問題は４人のグループで行う。

〈問題〉　**この問題の絵はありません。**
①２人ずつに別れて「足じゃんけん」をしてください（数回繰り返す）。
②ピアノの音にあわせて、「たこやき　手遊び」を行う。
・左手でまな板を作り、右手を包丁にして切る。
「♪タコ切って」
・手を入れ替え、同じ動きをする。
「♪ネギ切って」
・両手でたまごを割るまねをする。
「♪たまご割って」
・左手でボウルをつくり、右手は箸を持つような形にして回す。
「♪混ぜたら」
・両手でまるを作り、左右に傾けて揺らす。
「♪まるまった　たこやき」　（以上を数回繰り返す）

〈解答〉　省略

〈時間〉　適宜

［2019年度出題］

学習のポイント

この行動観察は口頭試問（個別テスト）の待機時に行われたもののようです。時間合わせの意味合いもあるので、評価という面ではそれほど重要視されていないかもしれません。とは言っても試験の課題の１つですから、「指示を理解して、その通りに行動する」という点は守りましょう。①はともかく、②はかなり覚えることもあります。そもそも小学校入試、特に国立小学校入試の行動観察は、何か優れた才能を探し出すというよりは、コミュニケーション能力や常識のない志願者をはじくために行われるもの、というのは言いすぎかもしれませんが、そういったニュアンスが強いテストです。運動能力や想像力を観点としたものではない、ということを保護者の方には理解していただいた上で、お子さまにどう立ち回ればよいのかを教えてください。

【おすすめ問題集】
新運動テスト問題集、Ｊｒ・ウォッチャー28「運動」、
Ｊｒ・ウォッチャー29「行動観察」

問題50　分野：行動観察

〈準備〉　スポンジブロック（適宜）
※この問題は７～８人のグループで行う。

〈問題〉　この問題の絵はありません。
①ブロックを材料にしてお城を作ってください。１人で作っても、お友だちといっしょに作ってもかまいません。
②お城ができたら手を挙げてください。できた人からみんなに紹介します。

〈解答〉　省略

〈時間〉　適宜

［2019年度出題］

学習のポイント

前問とは違い、お子さまの行動を観察して、集団行動ができるか、ほかの志願者とうまく意思疎通ができるかなどを観点とした、行動観察の課題です。2018年度からどのグループもほぼ同じ課題に取り組むようになりました。この課題の特徴は、①グループになることが任意であること、②作業後に発表があること、です。①に関してはどう考えてもグループで作業した方がよさそうです。協調性がない、人と話ができないといったマイナスの評価を受けにくくなります。②は、積極性が観点です。リーダーシップを無理やりを取ってまで発表する必要はありませんが、そういった流れになれば発表する、少なくとも発表を嫌がったりすることがないようにしてください。かなりの大人数の試験ですから、志願者の細かい感情までフォローしているとはとても思えません。例えば、「引っ込み思案の性格だからそういう行動をするのだ」といった配慮はないという前提で、どのように取り組むかを保護者の方は指導した方がよい、ということです。

【おすすめ問題集】
新口頭試問・個別テスト問題集、Ｊｒ・ウォッチャー29「行動観察」

問題51　分野：制作

〈準　備〉　ハサミ、ボンド、紙コップ、画用紙、画鋲、クーピーペン、シール

〈問　題〉　**この問題は絵を参考にしてください。**

①「本」を作ります。はじめに先生の周りに集まってお手本を見た後、自分の席に戻って作業をしてください。
・画用紙を2つに折り、それぞれの中央で折る。
・それぞれにクーピーペンで簡単な絵を描く。
・本になるようにボンドで貼り合わせる。

②「アオムシ」を作ります。はじめに先生の周りに集まってお手本を見た後、自分の席に戻って作業をしてください。
・紙にコップをあてて、クーピーペンで5つ○を書き、ハサミで切り取る。
・切り取った5枚の丸い紙を、それぞれ画鋲で画用紙に留める。
・青虫の顔を描いて、お尻にゼッケン番号のシールを貼る。

③「風車」を作ります。はじめに先生の周りに集まってお手本を見た後、自分の席に戻って作業をしてください。
・紙にコップをあてて、4つ○を書き、ハサミで切り取る。
・切り取った4枚の丸い紙をそれぞれ画用紙に画鋲で留める。
・中央に風車の軸、風車の下に支柱を描く。
・白い部分に風景を描く。

〈時　間〉　各10分程度

〈解　答〉　省略

［2019年度出題］

学習のポイント

①はＡグループ、②はＢグループ、③はＣグループの制作課題ですが、難しさに大きな違いはありません。指示を守ること、道具を正しく使用することになど気を付けて作業してください。逆に言うとそれぐらいしか観点がないので、志願者によって差がつくような課題ではない、ということにもなります。作業に慣れておくことは、ある程度対策になりますが、神経質になることはありません。ですから、お子さまにアドバイスするなら、小手先のことより、「指示の理解と実行」を強調するようにしてくだい。また、作品の出来については、評価にそれほど大きな影響はありません。ていねいに作業をするのはよいことですが、制限時間が守れないと本末転倒です。「時間内に完成させるという指示を守れなかった」という評価になることもありえます。

【おすすめ問題集】
新口頭試問・個別テスト問題集、実践 ゆびさきトレーニング①②③
Ｊｒ・ウォッチャー23「切る・貼る・塗る」

問題 1

お手本

①

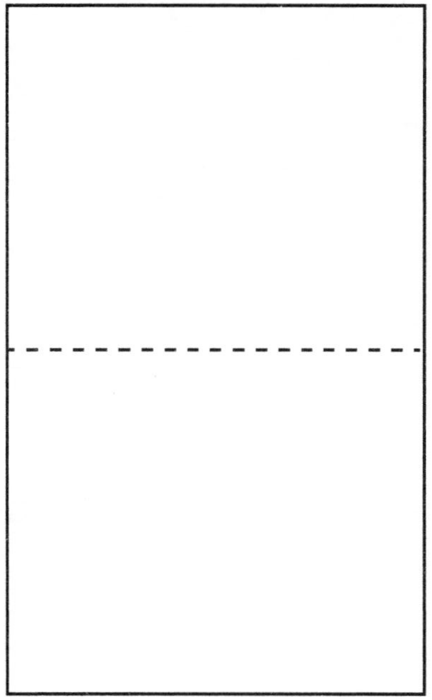

②

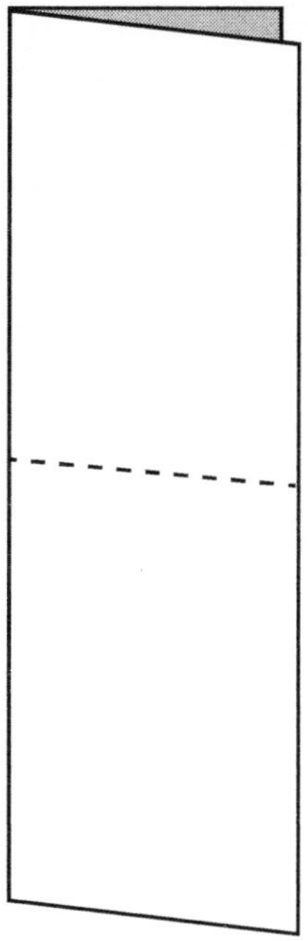

③

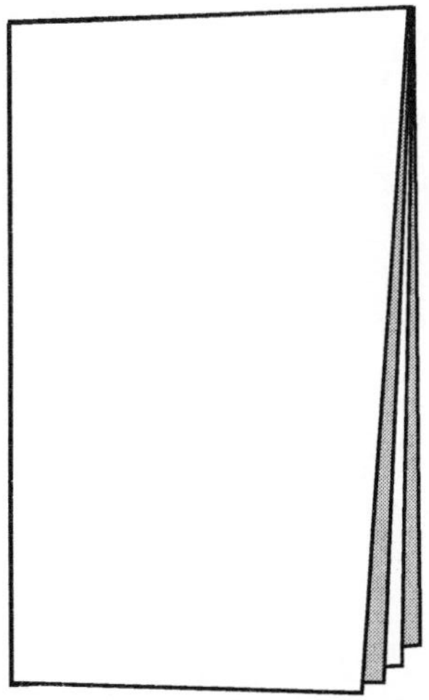

④

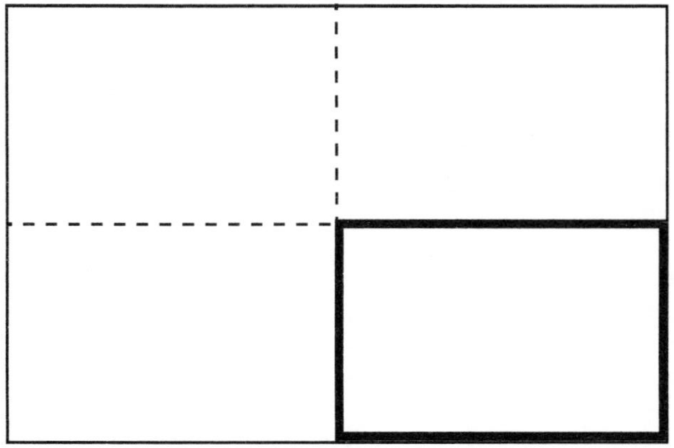

問題4

問題6

問題7

日本学習図書株式会社

問題9

問題１０

①

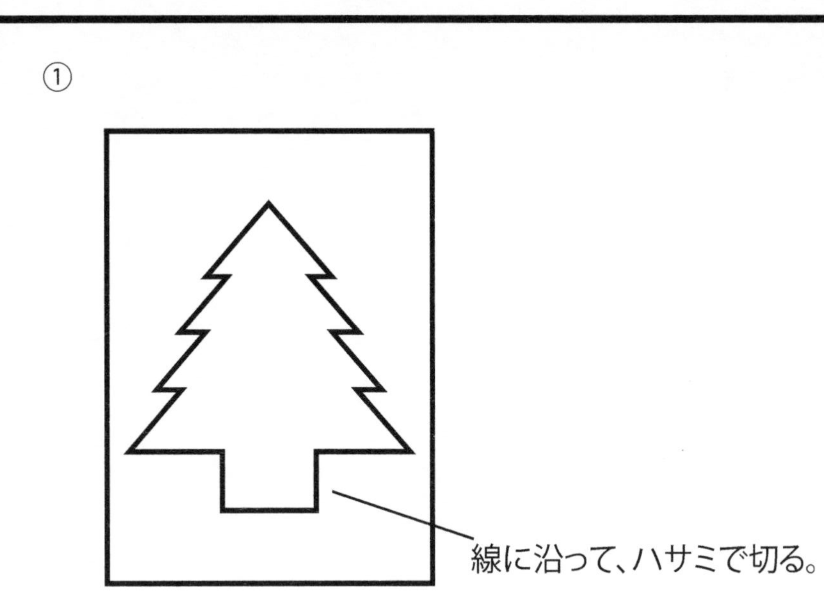

線に沿って、ハサミで切る。

②

４枚それぞれに絵を描く。

表裏で絵が見えるようにのりで貼る。

③

ハサミで切り込みを入れる。

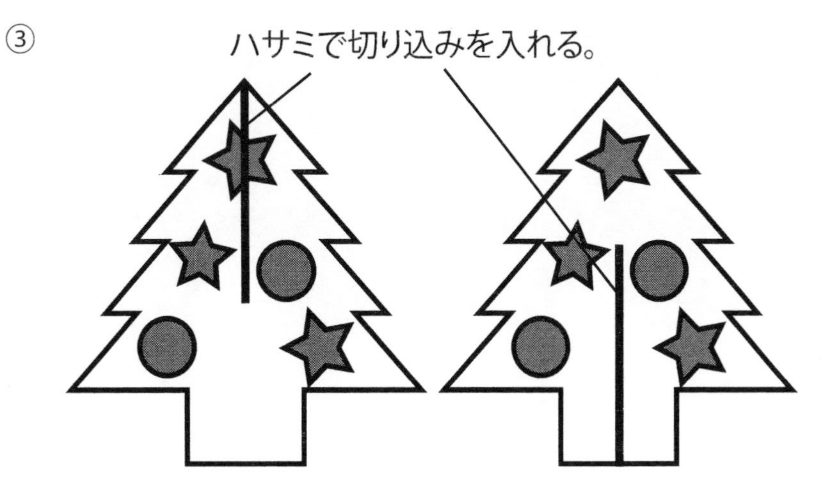

問題１１

①

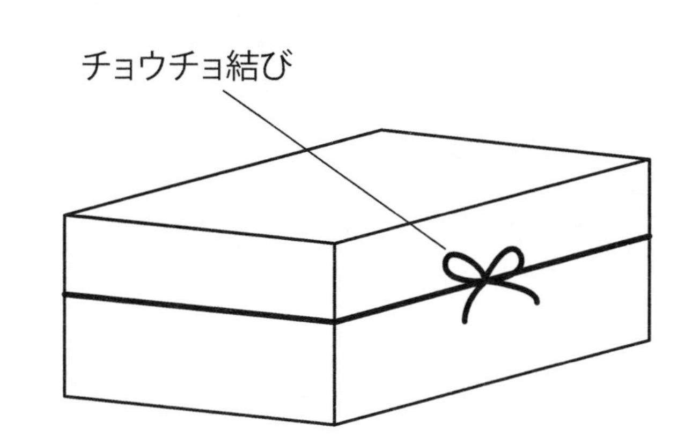
チョウチョ結び

②

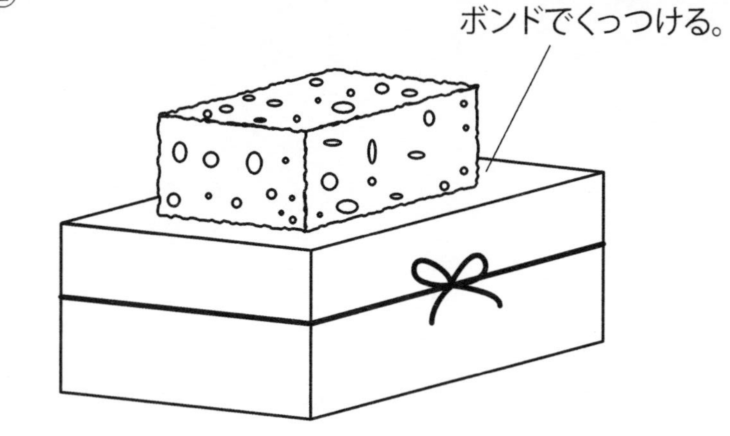
ボンドでくっつける。

③

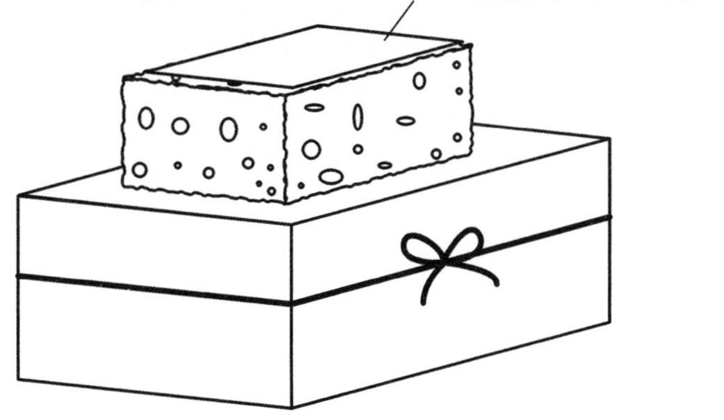
紙とスポンジをボンドで貼り合わせる。

④

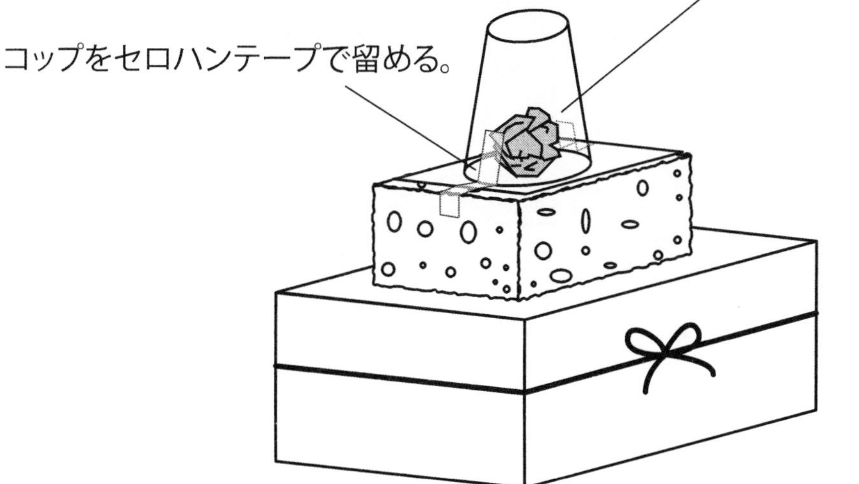
赤い紙をくしゃくしゃにし、紙の上に貼る。
コップをセロハンテープで留める。

問題１２

①

② 目玉を描き入れる。

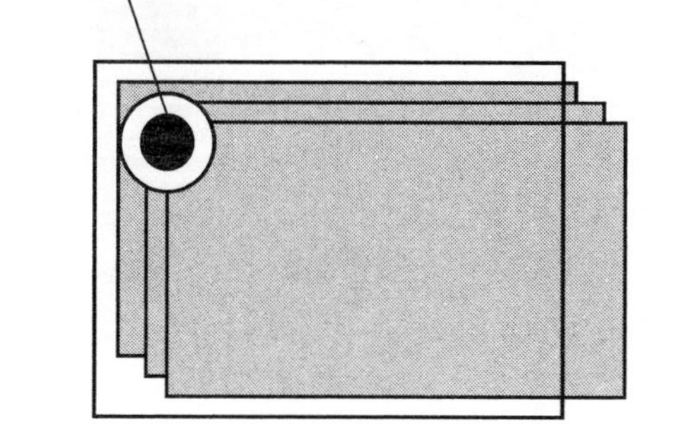

③ はみ出た部分をハサミで切る。

ビニタイでくくる。

④ 画用紙に海の中の絵を描く。

⑤ セロハンテープを丸くし、魚の裏と画用紙をくっつけて完成。

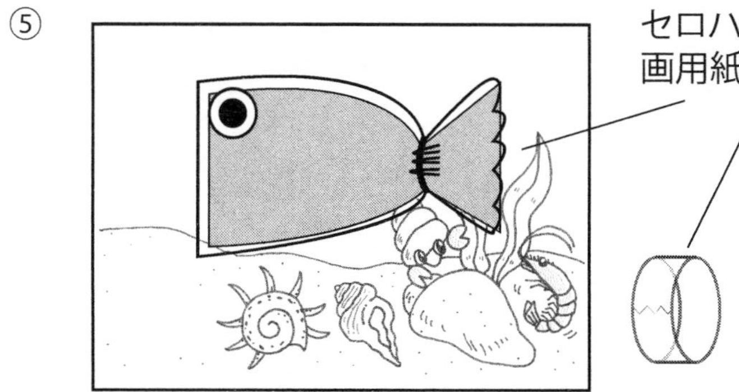

問題１６

問題１８－１

問題１８－２

問題２０

問題２１

問題２２

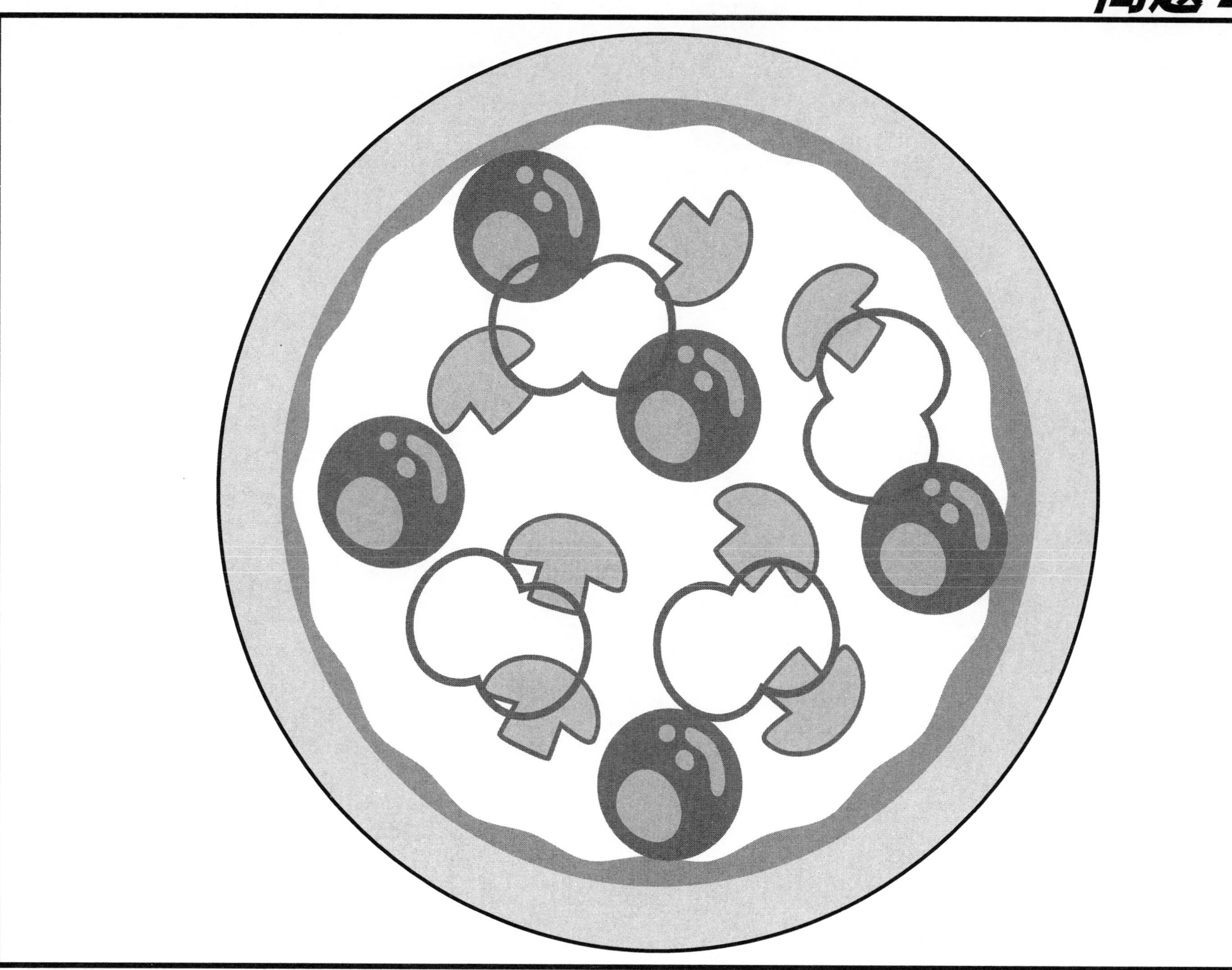

問題23

問題２４－１

問題２４－２

マジックテープ

マジックテープ

マジックテープ

マジックテープ

マジックテープ

マジックテープ

問題２５－１

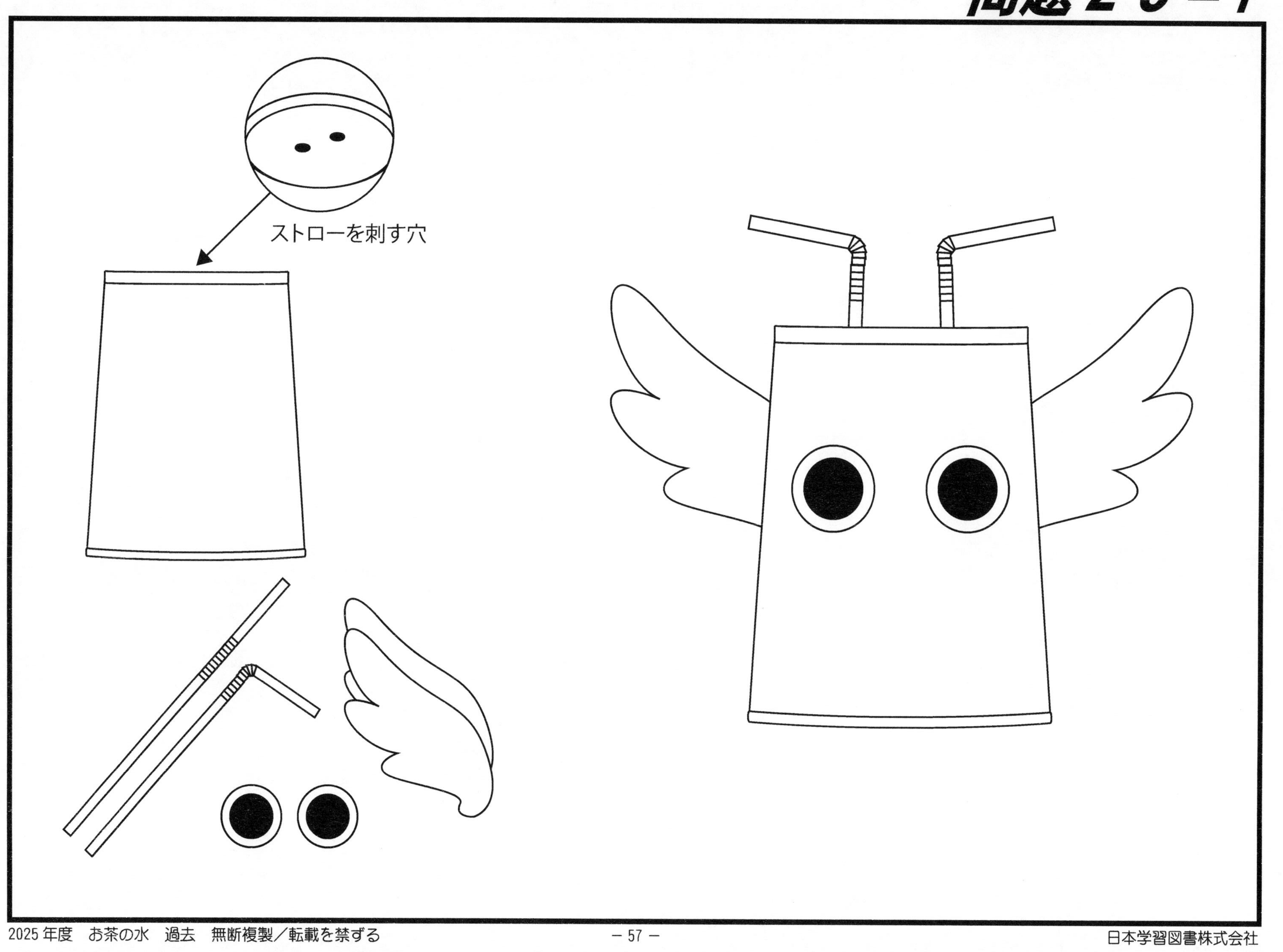

日本学習図書株式会社

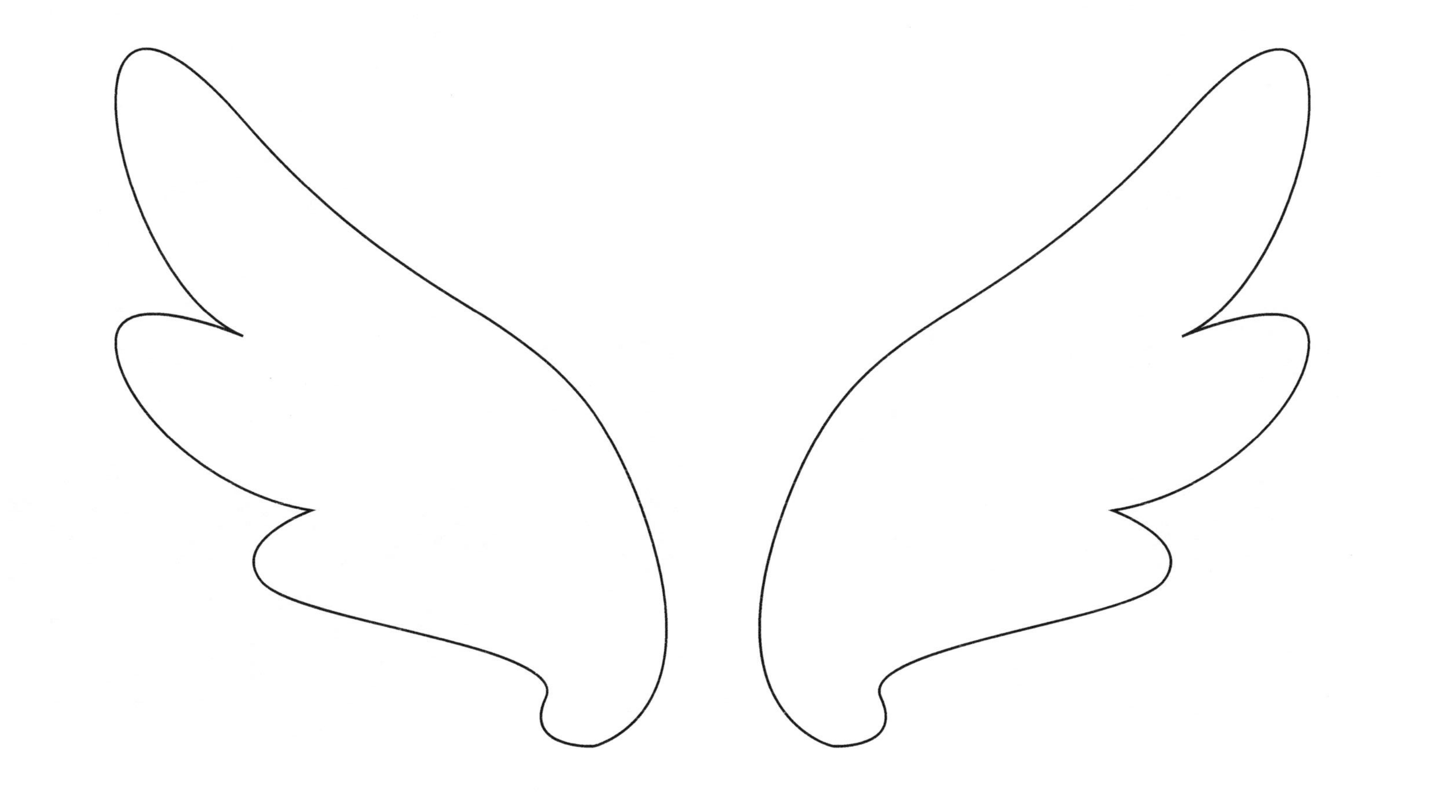

日本学習図書株式会社

問題２６－１

日本学習図書株式会社

問題３０－１

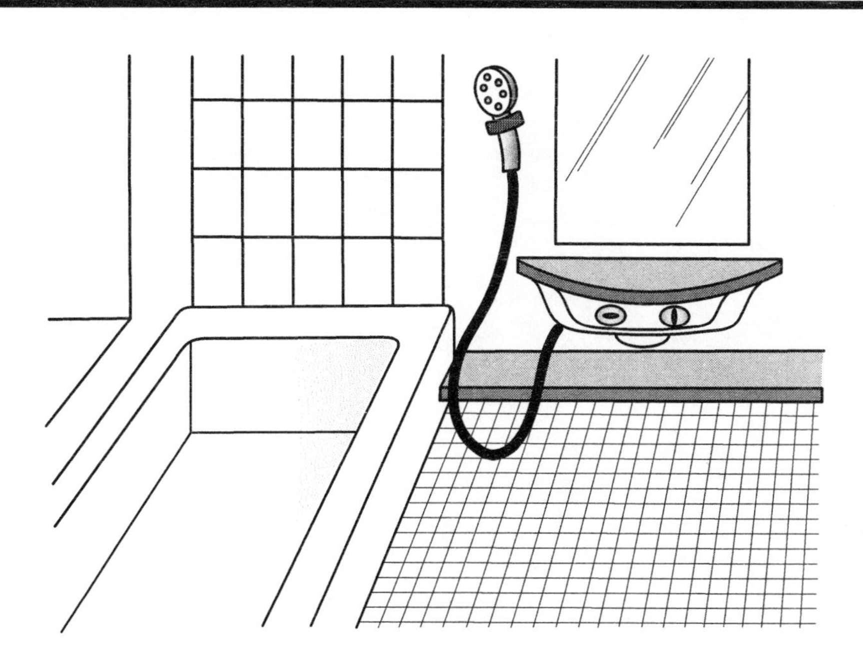

問題３０－２

日本学習図書株式会社

問題３０－３

問題３１

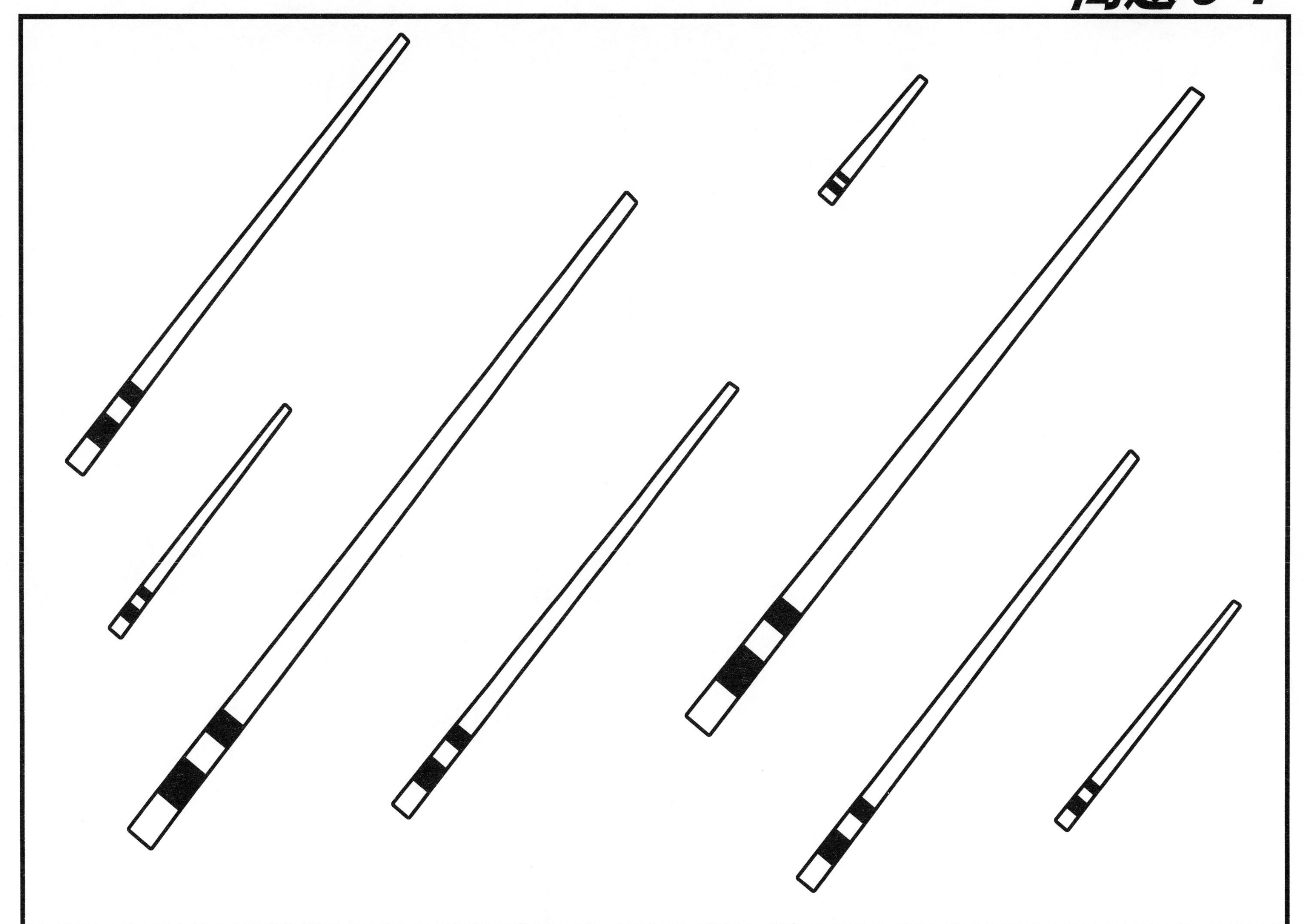

問題32

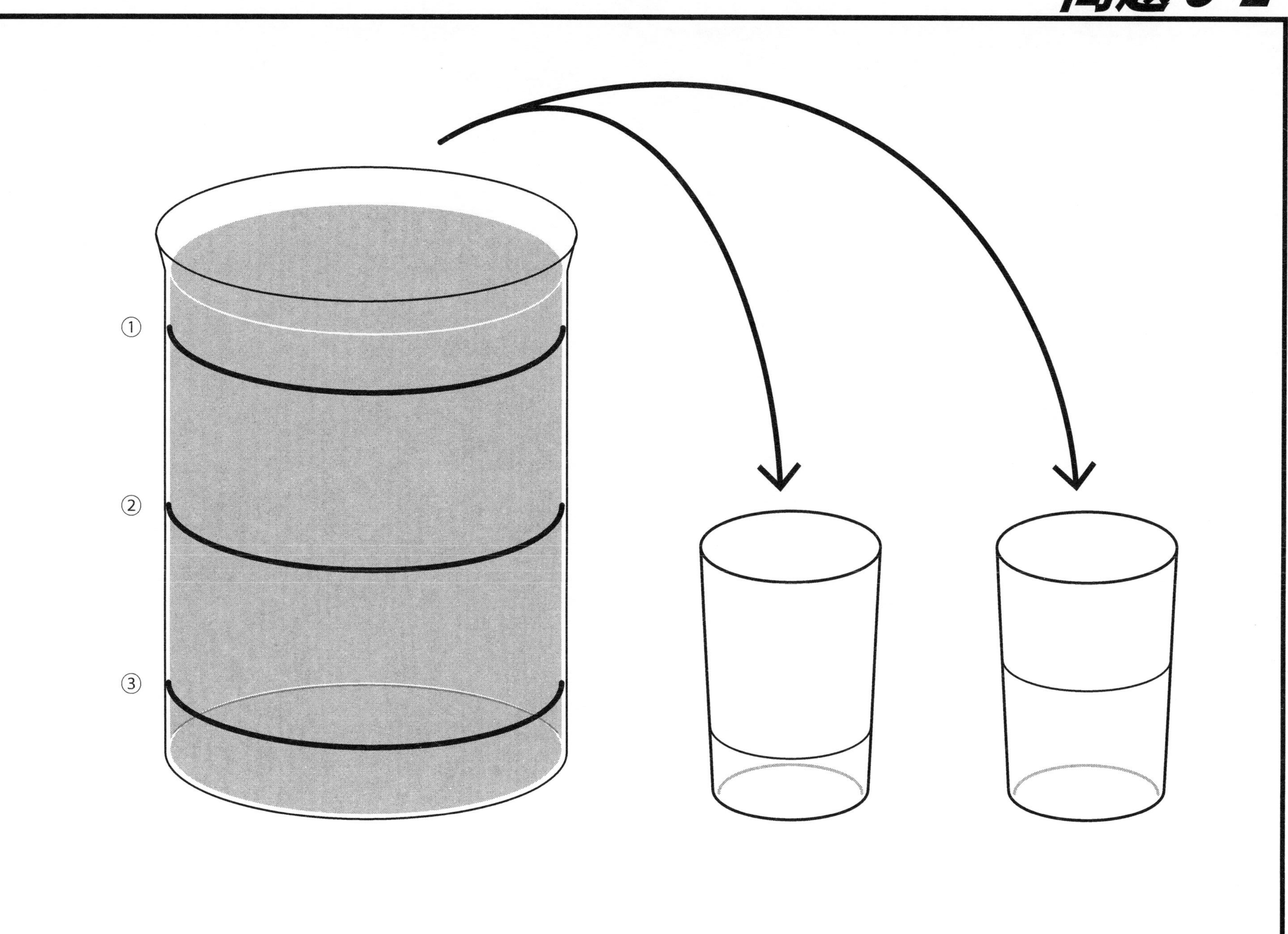

問題３３

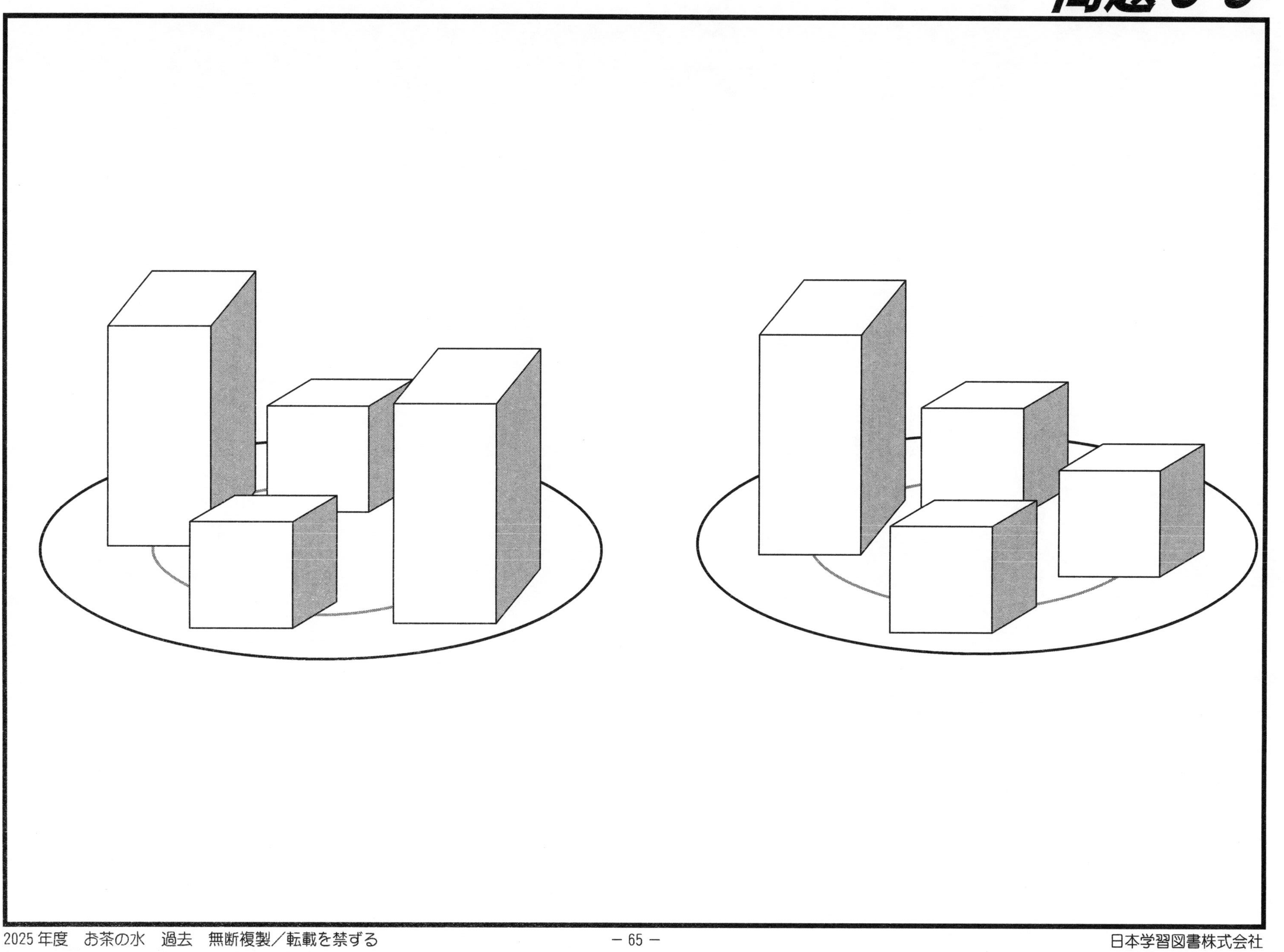

問題３４

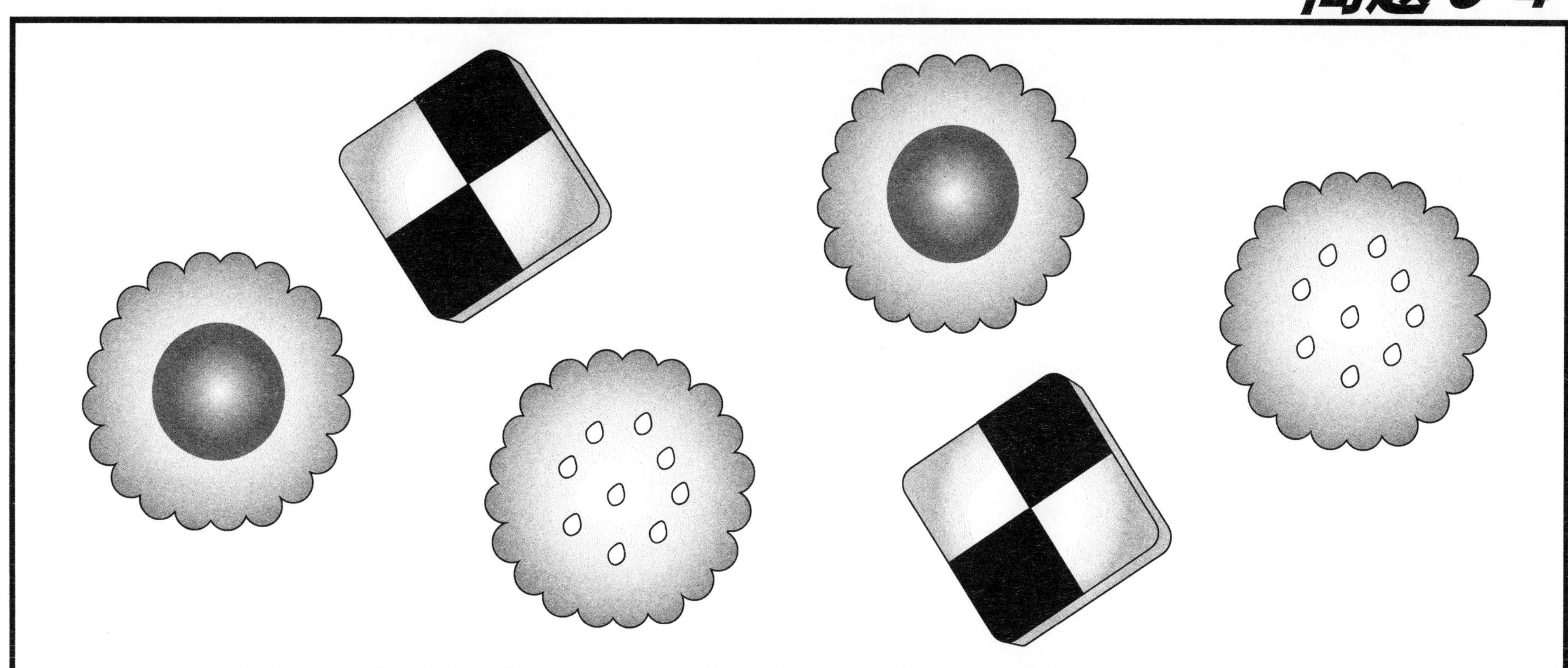

日本学習図書株式会社

問題35

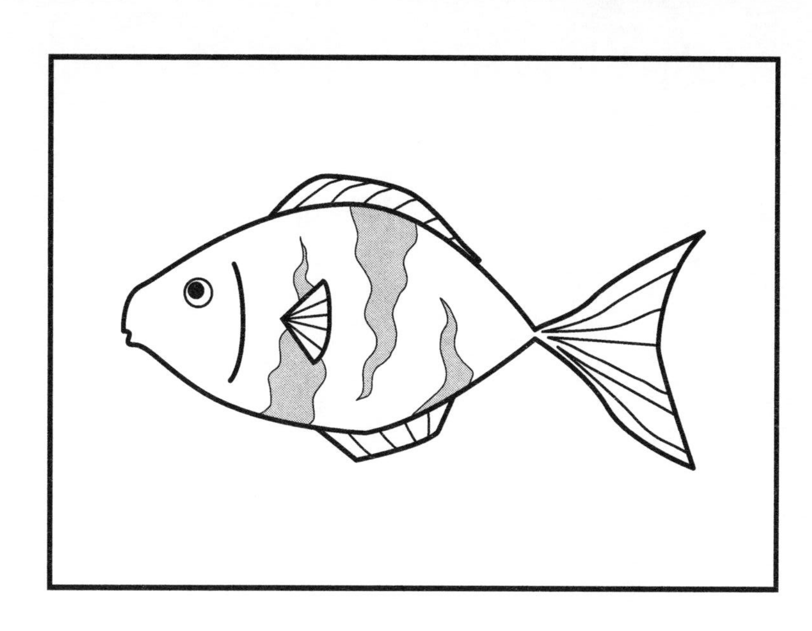

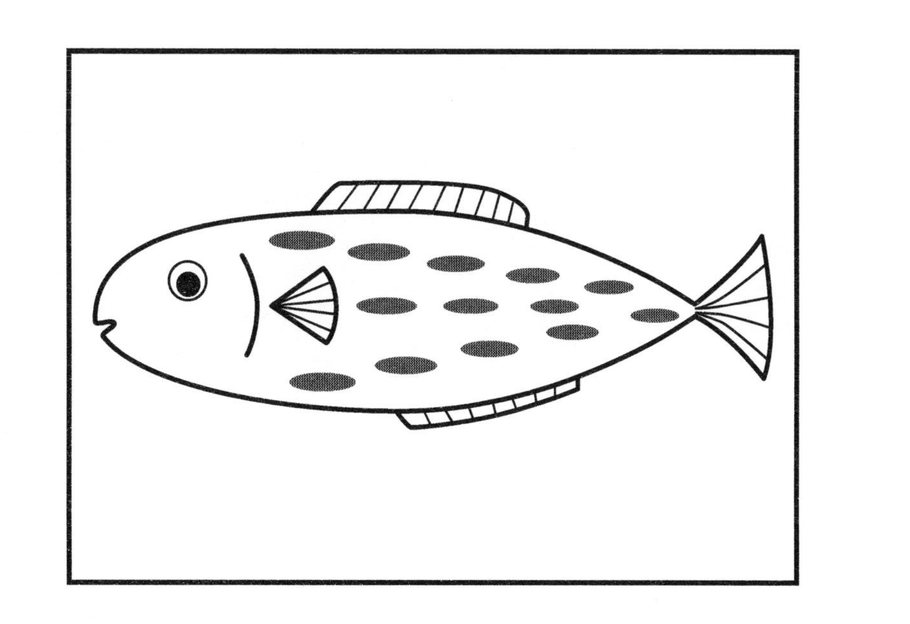

問題３６－１

制作例

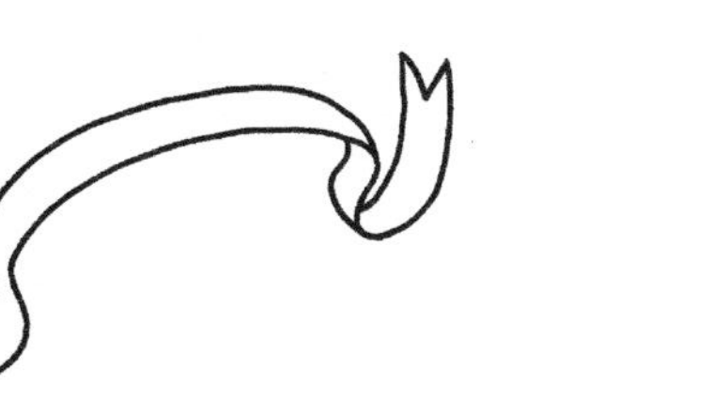

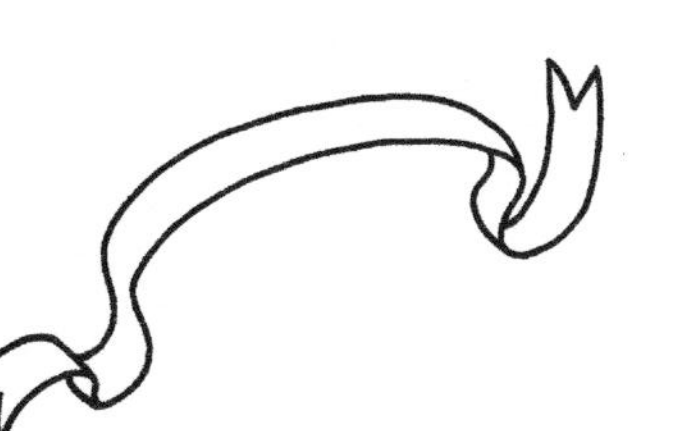

画用紙（上に２つ穴が開いている）

リボン（赤）

紙テープ（青、画用紙横より少し長い）

問題３６－２

問題３９

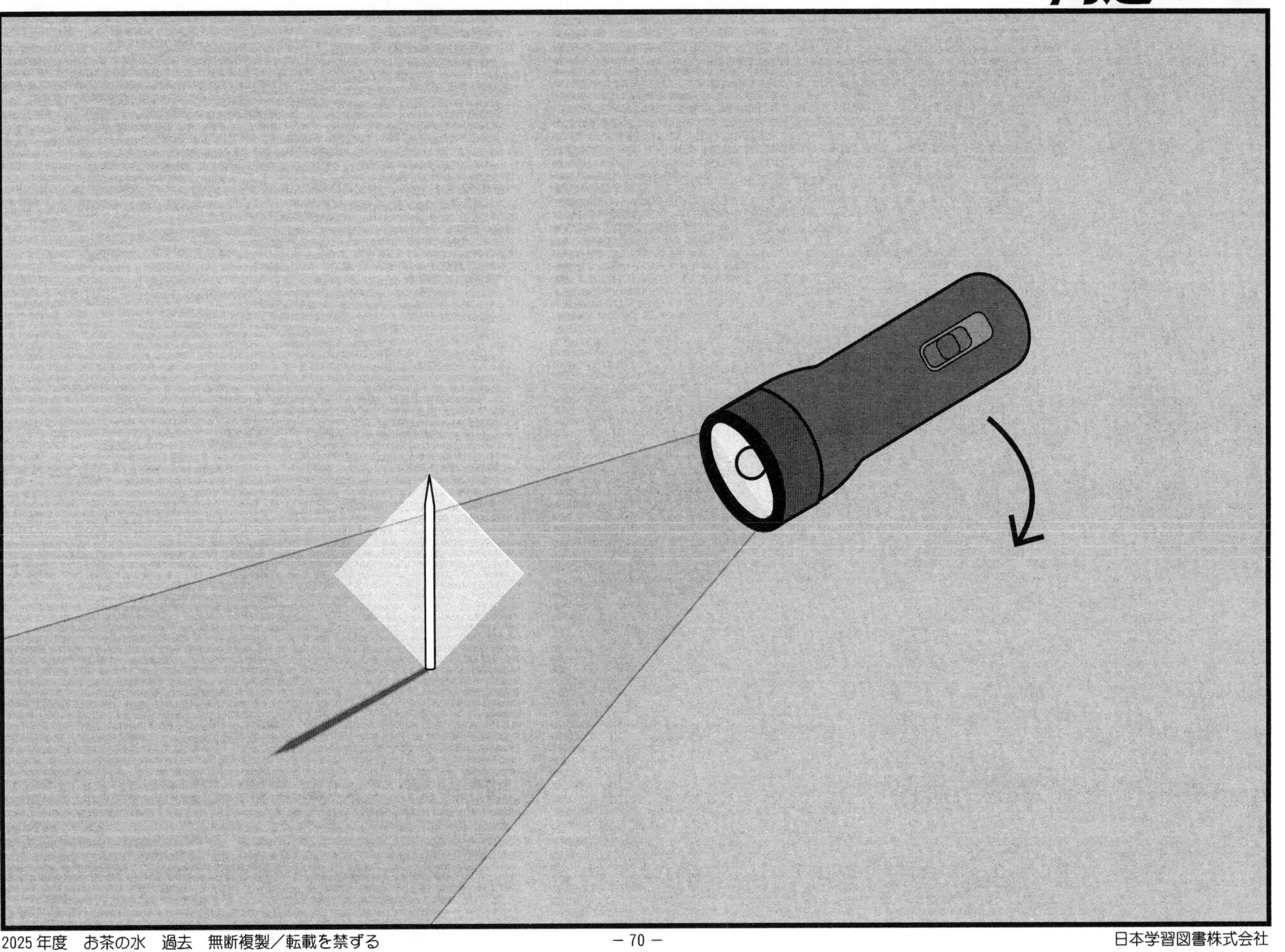

問題40

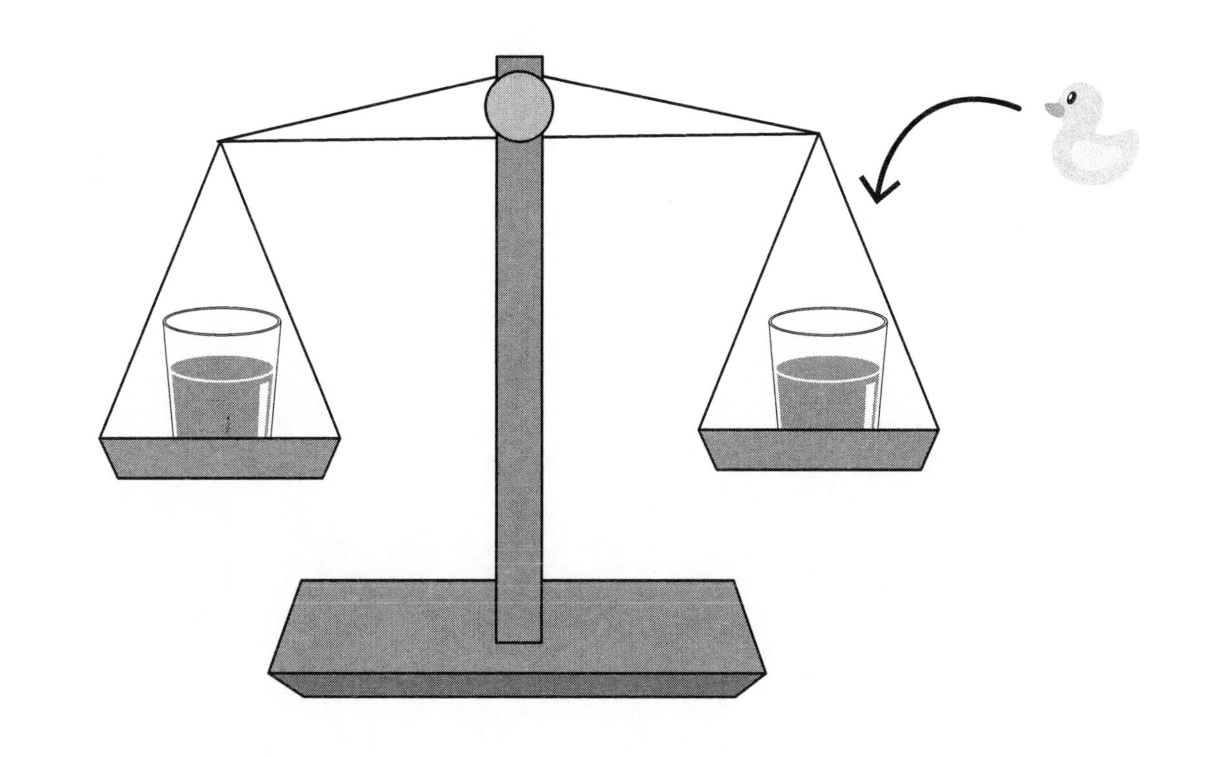

問題４３

①

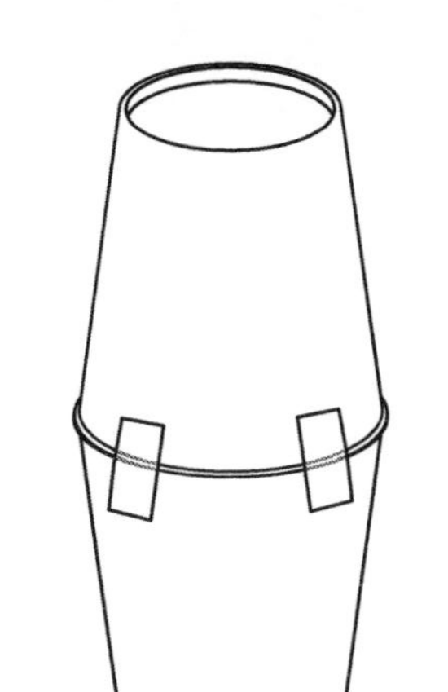

①紙コップの１つにビーズを数個入れる。

②紙コップ２つを①のように組み合わせ、テープで留める。

③折り紙を折って②のような取手を作り、テープで留める。

④ひもを輪にして紙コップにかけ、ちょう結びをする。

②

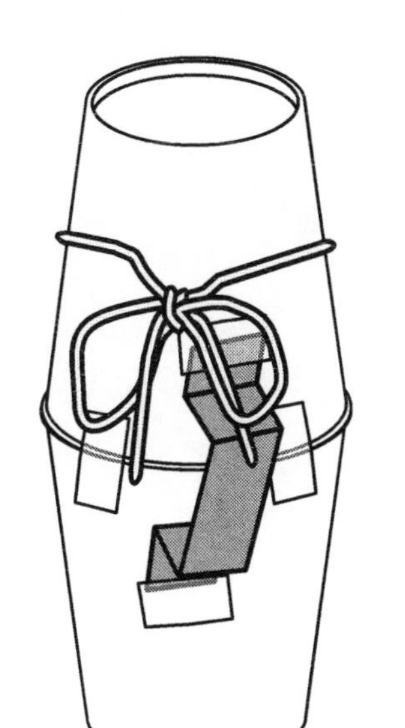

作成例

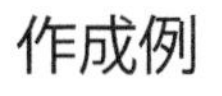

問題４５

木の玉

金属の玉

プラスチックの玉

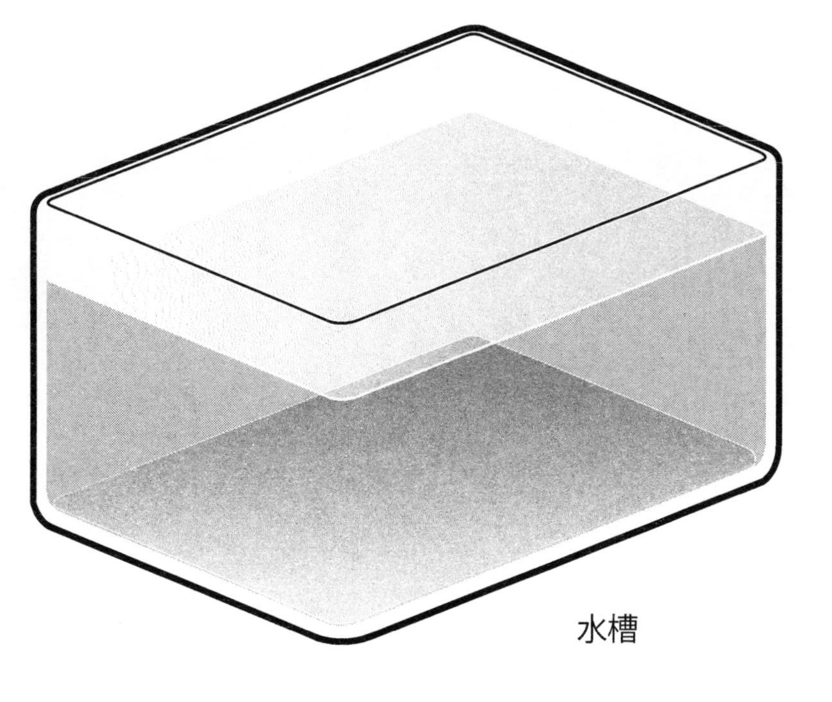

②では木の玉が接着剤で下のようにつなげられている。

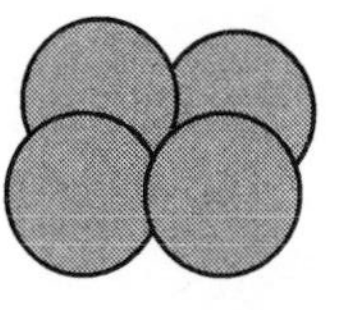
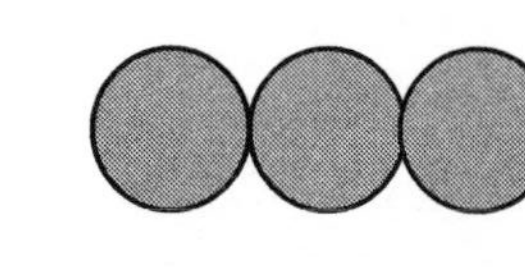
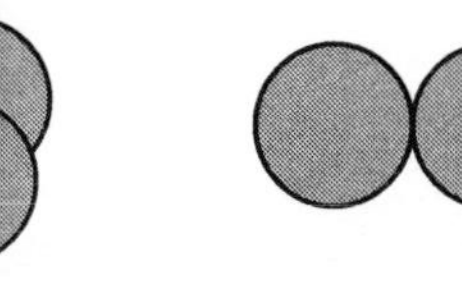
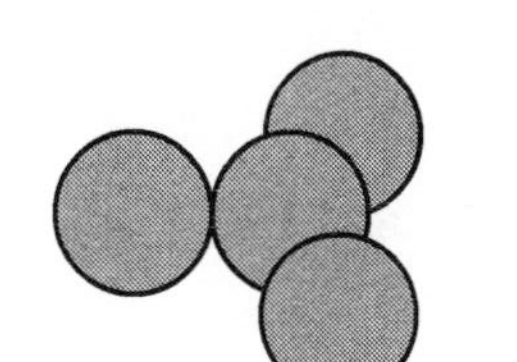

問題４６

青い画用紙

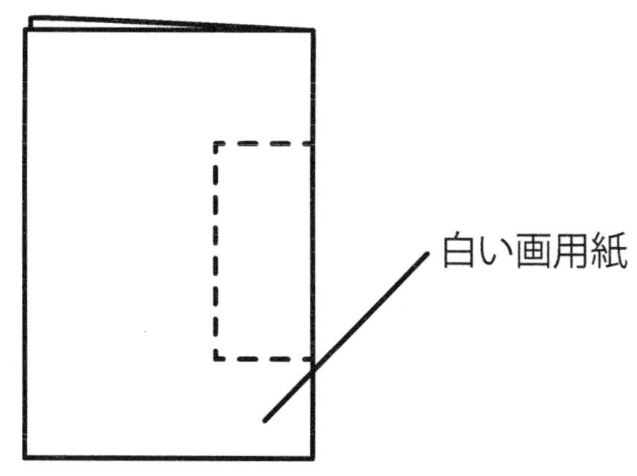

①点線に沿ってハサミで切る。

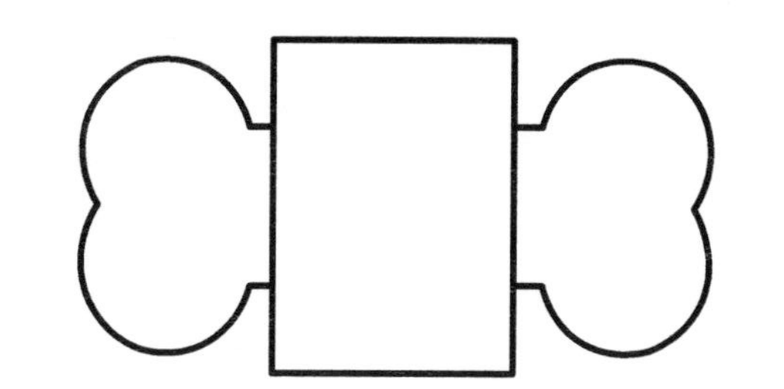

②切ったものを開き、青い画用紙の上に白い画用紙を貼る。

③白い画用紙にクリスマスツリー、赤い玉、靴下を描く。

問題４７

問題５１

①

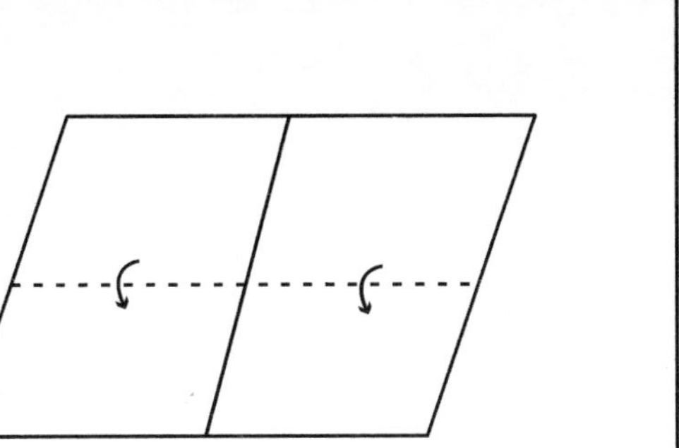

・画用紙を２分割し、中央で谷折りする

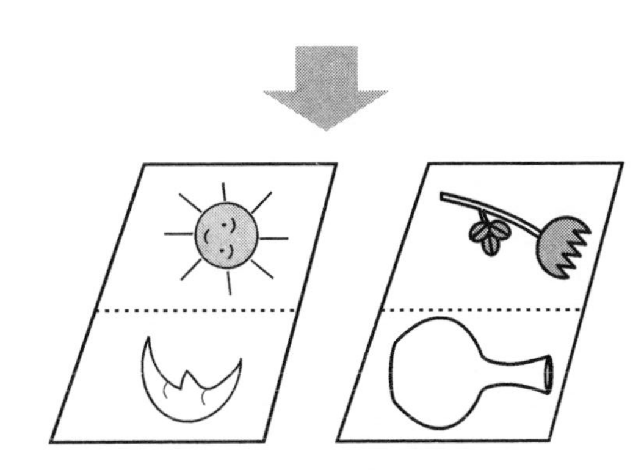

・それぞれの面に簡単な絵を描く

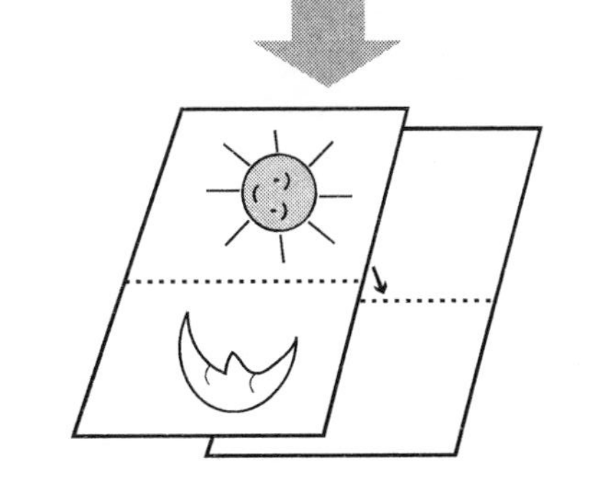

・本になるように貼り合わせる

②

・コップを画用紙にあて、クーピーペンで
５つ○を書いて切り取る

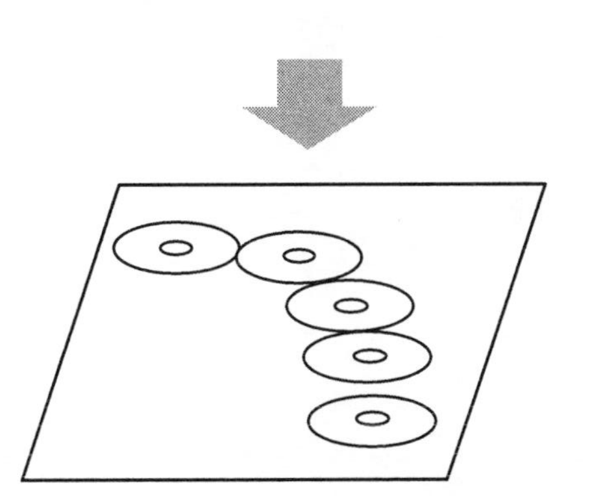

・指示通りに画用紙に置き、画鋲で留める

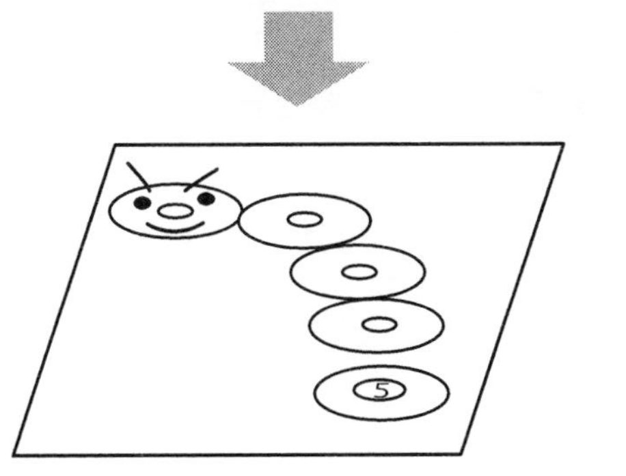

・アオムシの顔を描き、尻尾にシールを貼る

③

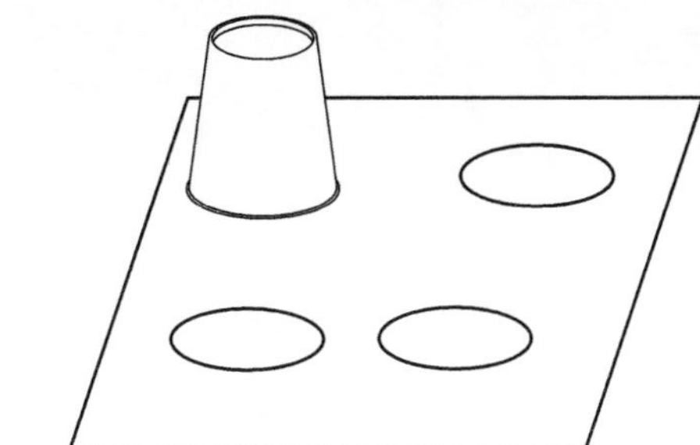

・コップを画用紙にあて、クーピーペンで
４つ○を書いて切り取る

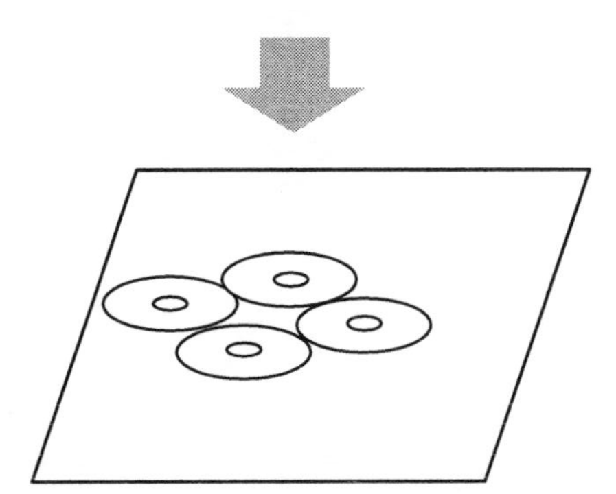

・指示通りに画用紙に置き、画鋲で留める

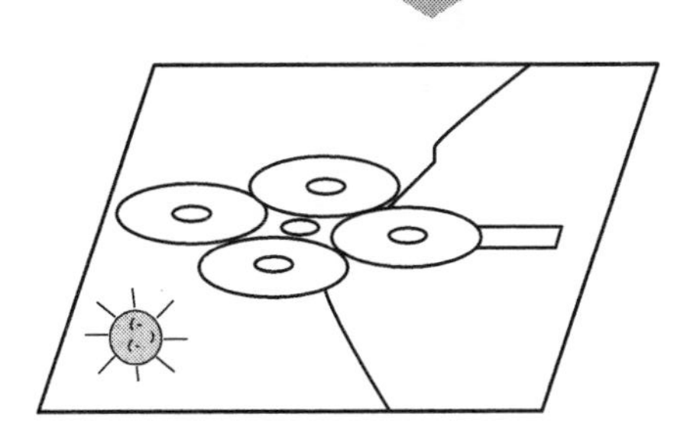

・風車の支柱と軸、周りの風景を描く

図書カード 1000 円分プレゼント

ご記入日　　年　月　日

☆国・私立小学校受験アンケート☆

※可能な範囲でご記入下さい。選択肢は○で囲んで下さい。

〈小学校名〉＿＿＿＿＿＿＿＿　〈お子さまの性別〉男・女　〈誕生月〉＿＿月

〈その他の受験校〉(複数回答可)＿＿＿＿＿＿＿＿＿＿

〈受験日〉①：＿月＿日〈時間〉＿時＿分～＿時＿分

②：＿月＿日〈時間〉＿時＿分～＿時＿分

〈受験者数〉男女計＿名（男子＿名　女子＿名）

〈お子さまの服装〉＿＿＿＿＿＿＿＿

〈入試全体の流れ〉（記入例）準備体操→行動観察→ペーパーテスト

＿＿＿＿＿＿＿＿＿＿＿＿＿＿＿＿

Eメールによる情報提供

日本学習図書では、Eメールでも入試情報を募集しております。

下記のアドレスに、アンケートの内容をご入力の上、メールをお送り下さい。

ojuken@nichigaku.jp

●行動観察　（例）好きなおもちゃで遊ぶ・グループで協力するゲームなど

〈実施日〉＿月＿日〈時間〉＿時＿分～＿時＿分〈着替え〉□有　□無

〈出題方法〉□肉声　□録音　□その他（　　　）〈お手本〉□有　□無

〈試験形態〉□個別　□集団（　　人程度）　〈会場図〉

〈内容〉

□自由遊び

＿＿＿＿＿＿＿＿＿＿＿＿

□グループ活動

＿＿＿＿＿＿＿＿＿＿＿＿

□その他

＿＿＿＿＿＿＿＿＿＿＿＿

●運動テスト（有・無）　（例）跳び箱・チームでの競争など

〈実施日〉＿月＿日〈時間〉＿時＿分～＿時＿分〈着替え〉□有　□無

〈出題方法〉□肉声　□録音　□その他（　　　）〈お手本〉□有　□無

〈試験形態〉□個別　□集団（　　人程度）　〈会場図〉

〈内容〉

□サーキット運動

□走り　□跳び箱　□平均台　□ゴム跳び

□マット運動　□ボール運動　□なわ跳び

□クマ歩き

□グループ活動＿＿＿＿＿＿＿＿

□その他＿＿＿＿＿＿＿＿

●知能テスト・口頭試問

〈実施日〉＿＿月＿＿日〈時間〉＿＿時＿＿分 ～ ＿＿時＿＿分〈お手本〉□有 □無

〈出題方法〉□肉声 □録音 □その他（　　　　　）〈問題数〉＿＿枚 ＿＿問

分野	方法	内　容	詳　細・イ　ラ　ス　ト
（例） お話の記憶	☑筆記 □口頭	動物たちが待ち合わせをする話	（あらすじ） 動物たちが待ち合わせをした。最初にウサギさんが来た。次にイヌくんが、その次にネコさんが来た。最後にタヌキくんが来た。 （問題・イラスト） ３番目に来た動物は誰か
お話の記憶	□筆記 □口頭		（あらすじ） （問題・イラスト）
図形	□筆記 □口頭		
言語	□筆記 □口頭		
常識	□筆記 □口頭		
数量	□筆記 □口頭		
推理	□筆記 □口頭		
その他	□筆記 □口頭		

●制作　（例）ぬり絵・お絵かき・工作遊びなど

〈実施日〉＿＿月＿＿日〈時間〉＿＿時＿＿分～＿＿時＿＿分

〈出題方法〉□肉声 □録音 □その他（　　　　）〈お手本〉□有 □無

〈試験形態〉□個別 □集団（　　人程度）

材料・道具	制作内容
□ハサミ □のり（□つぼ □液体 □スティック） □セロハンテープ □鉛筆 □クレヨン（　色） □クーピーペン（　色） □サインペン（　色）□ □画用紙（□ A4 □ B4 □ A3 □その他：　　　　） □折り紙 □新聞紙 □粘土 □その他（　　　　）	□切る □貼る □塗る □ちぎる □結ぶ □描く □その他（　　　　） タイトル：＿＿＿＿＿＿＿＿

●面接

〈実施日〉＿＿月＿＿日〈時間〉＿＿時＿＿分～＿＿時＿＿分〈面接担当者〉＿＿名

〈試験形態〉□志願者のみ（　）名 □保護者のみ □親子同時 □親子別々

〈質問内容〉

□志望動機　□お子さまの様子

□家庭の教育方針

□志望校についての知識・理解

□その他（　　　　）

（詳　細）

・

・

・

・

※試験会場の様子をご記入下さい。

例

校長先生　教頭先生

父　子　母

出入口

●保護者作文・アンケートの提出（有・無）

〈提出日〉□面接直前　□出願時　□志願者考査中　□その他（　　　　）

〈下書き〉□有　□無

〈アンケート内容〉

（記入例）当校を志望した理由はなんですか（150 字）

●説明会（□有　□無）〈開催日〉　月　日〈時間〉　時　分　～　時　分
〈上履き〉　□要　□不要〈願書配布〉　□有　□無〈校舎見学〉　□有　□無
〈ご感想〉

●参加された学校行事（複数回答可）
公開授業〈開催日〉　月　日〈時間〉　時　分　～　時　分
運動会など〈開催日〉　月　日〈時間〉　時　分　～　時　分
学習発表会・音楽会など〈開催日〉　月　日〈時間〉　時　分　～　時　分
〈ご感想〉
※是非参加したほうがよいと感じた行事について

●受験を終えてのご感想、今後受験される方へのアドバイス
※対策学習（重点的に学習しておいた方がよい分野）、当日準備しておいたほうがよい物など

＊＊＊＊＊＊＊＊＊＊＊＊＊　ご記入ありがとうございました　＊＊＊＊＊＊＊＊＊＊＊＊＊

必要事項をご記入の上、ポストにご投函ください。

なお、本アンケートの送付期限は入試終了後３ヶ月とさせていただきます。また、入試に関する情報の記入量が当社の基準に満たない場合、謝礼の送付ができないことがございます。あらかじめご了承ください。

ご住所：〒

お名前：　　　　メール：

TEL：　　　　FAX：

アンケートのご記入ありがとうございました

ご記入頂いた個人に関する情報は、当社にて厳重に管理致します。弊社の個人情報取り扱いに関する詳細は、www.nichigaku.jp/policy.php の「個人情報の取り扱い」をご覧下さい。

分野別 小学入試練習帳 ジュニアウォッチャー

1. 点・線図形	小学校入試で出題頻度の高い『点・線図形』の模写を、難易度の低いものから段階別に幅広く練習することができるように構成。
2. 座標	図形の位置模写という作業を、難易度の低いものから段階別に練習できるように構成。
3. パズル	様々なパズルの問題を難易度の低いものから段階別に練習できるように構成。
4. 同図形探し	小学校入試で出題頻度の高い、同図形選びの問題を繰り返し練習できるように構成。
5. 回転・展開	図形などを回転、または展開したとき、形がどのように変化するかを学習し、理解を深められるように構成。
6. 系列	数、図形などの様々な系列問題を、難易度の低いものから段階別に練習できるように構成。
7. 迷路	迷路の問題を繰り返し練習できるように構成。
8. 対称	対称に関する問題を４つのテーマに分類し、各テーマごとに問題を段階別に練習できるように構成。
9. 合成	図形の合成に関する問題を、難易度の低いものから段階別に練習できるように構成。
10. 四方からの観察	もの（立体）を様々な角度から見て、どのように見えるかを推理する問題を段階別に整理し、１つの形式で複数の問題を練習できるように構成。
11. いろいろな仲間	ものや動物、植物の共通点を見つけ、分類していく問題を中心に構成。
12. 日常生活	日常生活における様々な問題を６つのテーマに分類し、各テーマごとに一つの問題形式で複数の問題を練習できるように構成。
13. 時間の流れ	『時間』に着目し、様々なものごとは、時間が経過するとどのように変化するのかということを学習し、理解できるように構成。
14. 数える	様々なものを『数える』ことから、数の多少の判定やかけ算、わり算の基礎までを練習できるように構成。
15. 比較	比較に関する問題を５つのテーマ（数、高さ、長さ、量、重さ）に分類し、各テーマごとに問題を段階別に練習できるように構成。
16. 積み木	数える対象を積み木に限定した問題集。
17. 言葉の音遊び	言葉の音に関する問題を５つのテーマに分類し、各テーマごとに問題を段階別に練習できるように構成。
18. いろいろな言葉	表現力をより豊かにするいろいろな言葉として、擬態語や擬声語、同音異義語、反意語、数詞を取り上げた問題集。
19. お話の記憶	お話を聴いてその内容を記憶、理解し、設問に答える形式の問題集。
20. 見る記憶・聴く記憶	「見て憶える」「聴いて憶える」という『記憶』分野に特化した問題集。
21. お話作り	いくつかの絵を元にしてお話を作る練習をして、想像力を養うことができるように構成。
22. 想像画	描かれてある形や景色に好きな絵を描くことにより、想像力を養うことができるように構成。
23. 切る・貼る・塗る	小学校入試で出題頻度の高い、はさみやのりなどを用いた巧緻性の問題を繰り返し練習できるように構成。
24・絵画	小学校入試で出題頻度の高い、お絵かきやぬり絵などクレヨンやクーピーペンを用いた巧緻性の問題を繰り返し練習できるように構成。
25. 生活巧緻性	小学校入試で出題頻度の高い日常生活の様々な場面における巧緻性の問題集。
26. 文字・数字	ひらがなの清音、濁音、拗音、拗長音、促音と１～20までの数字に焦点を絞り、練習できるように構成。
27. 理科	小学校入試で出題頻度が高くなりつつある理科の問題を集めた問題集。
28. 運動	出題頻度の高い運動問題を種目別に分けて構成。
29. 行動観察	項目ごとに問題提起をし、「このような時はどうか、あるいはどう対処するのか」の観点から問いかける形式の問題集。
30. 生活習慣	学校から家庭に提起された問題と思って、一問一問絵を見ながら話し合い、考える形式の問題集。

31. 推理思考	数、量、言語、常識（含理科、一般）など、諸々のジャンルから問題を構成し、近年の小学校入試問題傾向に沿って構成。
32. ブラックボックス	箱や筒の中を通ると、どのようなお約束でどのように変化するかを推理・思考する問題集。
33. シーソー	重さの違うものをシーソーに乗せた時どちらに傾くのか、またどうすればシーソーは釣り合うのかを思考する基礎的な問題集。
34. 季節	様々な行事や植物などを季節別に分類できるように知識をつける問題集。
35. 重ね図形	小学校入試で頻繁に出題されている「図形を重ね合わせてできる形」についての問題を集めました。
36. 同数発見	様々な物を数え「同じ数」を発見し、数の多少の判断や数の認識の基礎を学べるように構成した問題集。
37. 選んで数える	数の学習の基本となる、いろいろなものの数を正しく数える学習を行う問題集。
38. たし算・ひき算１	数字を使わず、たし算とひき算の基礎を身につけるための問題集。
39. たし算・ひき算２	数字を使わず、たし算とひき算の基礎を身につけるための問題集。
40. 数を分ける	数を等しく分ける問題です。等しく分けたときに余りが出るものもあります。
41. 数の構成	ある数がどのような数で構成されているか学んでいきます。
42. 一対多の対応	一対一の対応から、一対多の対応まで、かけ算の考え方の基礎学習を行います。
43. 数のやりとり	あげたり、もらったり、数の変化をしっかりと学びます。
44. 見えない数	指定された条件から数を導き出します。
45. 図形分割	図形の分割に関する問題集。パズルや合成の分野にも通じる様々な問題を集めました。
46. 回転図形	「回転図形」に関する問題集。やさしい問題から始め、いくつかの代表的なパターンから、段階を踏んで学習できるよう編集されています。
47. 座標の移動	「マス目の指示通りに移動する問題」と「指示された数だけ移動する問題」を収録。
48. 鏡図形	鏡で左右反転させた時の見え方を考えます。平面図形から立体図形、文字、絵まで。
49. しりとり	すべての学習の基礎となる「言葉」を学ぶこと、特に「語彙」を増やすことに重点をおき、さまざまなタイプの「しりとり」問題を集めました。
50. 観覧車	観覧車やメリーゴーラウンドなどを舞台にした「回転系列」の問題集。「推理思考」分野の問題ですが、要素として「図形」や「数量」も含みます。
51. 運筆①	鉛筆の持ち方を学び、点線なぞり、お手本を見ながらの模写で、線を引く練習をします。
52. 運筆②	運筆①からさらに発展し、「欠所補完」や「迷路」などを楽しみながら、より複雑な鉛筆運びを習得することを目指します。
53. 四方からの観察 積み木編	積み木を使用した「四方からの観察」に関する問題を練習できるように構成。
54. 図形の構成	見本の図形がどのような部分によって形づくられているかを考えます。
55. 理科②	理科的知識に関する問題を集中して練習する「常識」分野の問題集。
56. マナーとルール	道路や駅、公共の場でのマナー、安全や衛生に関する常識を学べるように構成。
57. 置き換え	さまざまな具体的・抽象的事象を記号で表す「置き換え」の問題を扱います。
58. 比較②	長さ・高さ・体積・数などを数学的な知識を使わず、論理的に推測する「比較」の問題を練習できるように構成。
59. 欠所補完	線と線のつながり、欠けた絵に当てはまるものなどを求める「欠所補完」に取り組める問題集です。
60. 言葉の音（おん）	しりとり、決まった順番の音をつなげるなど、「言葉の音」に関する問題に取り組める練習問題集です。

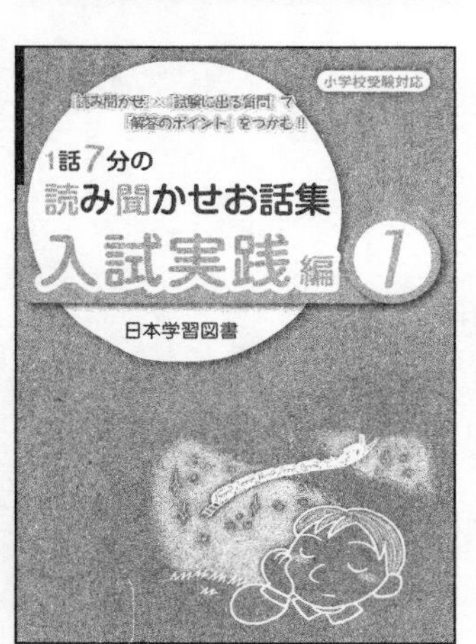

『読み聞かせ』×『質問』＝『聞く力』

お話の記憶の練習に最適

1話5分の 読み聞かせお話集①②

「アラビアン・ナイト」「アンデルセン童話」「イソップ寓話」「グリム童話」、日本や各国の民話、昔話、偉人伝の中から、教育的な物語や、過去に小学校入試でも出題された有名なお話を中心に掲載。お話ごとに、内容に関連したお子さまへの質問も掲載しています。「読み聞かせ」を通して、お子さまの『聞く力』を伸ばすことを目指します。　①巻・②巻　各48話

1話7分の読み聞かせお話集 入試実践編①

最長1,700文字の長文のお話を掲載。有名でない＝「聞いたことのない」お話を聞くことで、『集中力』のアップを目指します。設問も、実際の試験を意識した設問としています。ペーパーテスト実施校の多くが「お話の記憶」の問題を出題します。毎日の「読み聞かせ」と「試験に出る質問」で、「解答のポイント」をつかんで臨みましょう！　50話収録

ニチガクの この5冊で受験準備も万全！

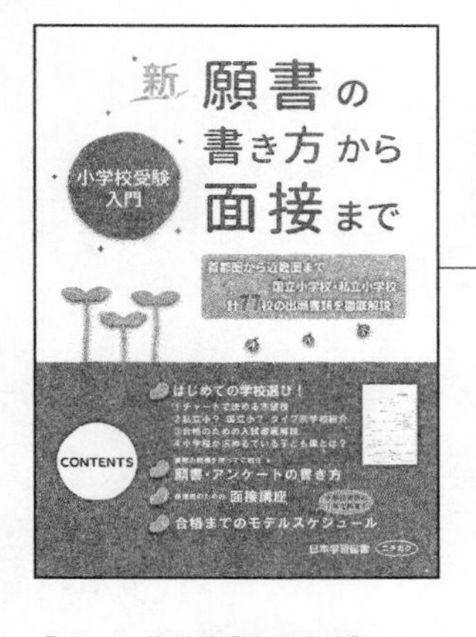

小学校受験入門 願書の書き方から面接まで リニューアル版

主要私立・国立小学校の願書・面接内容を中心に、学校選びや入試の分野傾向、服装コーディネート、持ち物リストなども網羅し、受験準備全体をサポートします。

小学校受験で 知っておくべき 125のこと

小学校受験の基本から怪しい「ウワサ」まで、保護者の方々からの 125 の質問にていねいに解答。目からウロコのお受験本。

新　小学校受験の 入試面接Q＆A リニューアル版

過去十数年に遡り、面接での質問内容を網羅。小学校別、父親・母親・志願者別、さらに学校のこと・志望動機・お子さまについてなど分野ごとに模範解答例やアドバイスを掲載。

新　願書・アンケート 文例集500 リニューアル版

有名私立小、難関国立小の願書やアンケートに記入するための適切な文例を、質問の項目別に収録。合格を掴むためのヒントが満載！願書を書く前に、ぜひ一度お読みください。

小学校受験に関する 保護者の悩みQ＆A

保護者の方約 1,000 人に、学習・生活・躾に関する悩みや問題を取材。その中から厳選した 200 例以上の悩みに、「ふだんの生活」と「入試直前」のアドバイス２本立てで悩みを解決。

日本学習図書株式会社

お茶の水女子大学附属小学校　専用注文書

年　　月　　日

合格のための問題集ベスト・セレクション

＊入試頻出分野ベスト３

1st お話作り　語　彙／話す力／想像力

2nd 制　作　聞く力／巧緻性

3rd 数　量　聞く力／観察力

口頭試問形式で各分野の基礎問題が出題されます。基礎中心の対策を行ってください。制作はここ数年、作業内容が簡単になっています。基本作業とマナーは身に付けてから試験に臨んでください。

分野	書　名	価格(税込)	注文	分野	書　名	価格(税込)	注文
図形	Ｊｒ・ウォッチャー3「パズル」	1,650円	冊	数量	Ｊｒ・ウォッチャー39「たし算・ひき算2」	1,650円	冊
数量	Ｊｒ・ウォッチャー14「数える」	1,650円	冊	数量	Ｊｒ・ウォッチャー40「数を分ける」	1,650円	冊
推理	Ｊｒ・ウォッチャー15「比較」	1,650円	冊	図形	Ｊｒ・ウォッチャー45「図形分割」	1,650円	冊
数量	Ｊｒ・ウォッチャー16「積み木」	1,650円	冊	言語	Ｊｒ・ウォッチャー49「しりとり」	1,650円	冊
言語	Ｊｒ・ウォッチャー17「言葉の音遊び」	1,650円	冊	図形	Ｊｒ・ウォッチャー54「図形の構成」	1,650円	冊
言語	Ｊｒ・ウォッチャー18「いろいろな言葉」	1,650円	冊	常識	Ｊｒ・ウォッチャー55「理科②」	1,650円	冊
記憶	Ｊｒ・ウォッチャー19「お話の記憶」	1,650円	冊	常識	Ｊｒ・ウォッチャー56「マナーとルール」	1,650円	冊
想像	Ｊｒ・ウォッチャー21「お話作り」	1,650円	冊	言語	Ｊｒ・ウォッチャー60「言葉の音（おん）」	1,650円	冊
巧緻性	Ｊｒ・ウォッチャー23「切る・貼る・塗る」	1,650円	冊		お茶の水女子大学附属小学校 直前練習問題集	2,200円	冊
常識	Ｊｒ・ウォッチャー27「理科」	1,650円	冊		実践 ゆびさきトレーニング①②③	2,750円	各　冊
観察	Ｊｒ・ウォッチャー29「行動観察」	1,650円	冊		口頭試問最強マニュアル　ペーパーレス編	2,200円	冊
推理	Ｊｒ・ウォッチャー31「推理思考」	1,650円	冊		口頭試問最強マニュアル　生活体験編	2,200円	冊
推理	Ｊｒ・ウォッチャー33「シーソー」	1,650円	冊		新 小学校受験の入試面接Ｑ＆Ａ	2,860円	冊
数量	Ｊｒ・ウォッチャー38「たし算・ひき算1」	1,650円	冊		新 願書・アンケート文例集500	2,860円	冊

合計	冊	円

(フリガナ) 氏　名	電　話 ＦＡＸ E-mail
住 所　〒　　　－	以前にご注文されたことはございますか。 有　・　無

★お近くの書店、または記載の電話・FAX・ホームページにてご注文をお受けしております。
電話：03-5261-8951　FAX：03-5261-8953　代金は書籍合計金額＋送料がかかります。
※なお、落丁・乱丁以外の理由による商品の返品・交換には応じかねます。
★ご記入頂いた個人に関する情報は、当社にて厳重に管理致します。なお、ご購入の商品発送の他に、当社発行の書籍案内、書籍に関する調査に使用させて頂く場合がございますので、予めご了承ください。

日本学習図書株式会社
https://www.nichigaku.jp